Cuestiones disputadas. Acerca de lo malo

EL SABER Y LA CULTURA

214
T655a   Tomás, De Aquino, Santo, 1225?-1274.
        Cuestiones disputadas. Acerca de lo malo/
        Santo Tomás de Aquino; María Isabel Flisfisch y Francisco Conejera
        edición bilingüe; Humberto Giannini y María Isabel Flisfisch Fernández
        traducción, introducción, comentarios y notas.
        2a. ed. – Santiago de Chile: Universitaria, 2018.
        81 p.; 15,5 x 23 cm. – (El saber y la cultura)
        Bibliografía : p. 80-81.

        ISBN Impreso: 978-956-11-2594-0
        ISBN Digital: 978-956-11-2728-9

1. Bien y mal.   2. Pecado.
I. t.   II. Flisfisch, María Isabel, ed.
III. Conejera, Francisco, ed.   IV. Giannini, Humberto, 1927-2014, ed.

© 2018, MARÍA ISABEL FLISFISCH.
Inscripción N° 295.657, Santiago de Chile.

Derechos de edición reservados para todos los países por
© EDITORIAL UNIVERSITARIA, S.A.
Avda. Bernardo O'Higgins 1050, Santiago de Chile.

Ninguna parte de este libro, incluido el diseño de la portada,
puede ser reproducida, transmitida o almacenada, sea por
procedimientos mecánicos, ópticos, químicos o
electrónicos, incluidas las fotocopias,
sin permiso escrito del editor.

Texto compuesto en tipografía *Bembo 12/14,5*

Se terminó de imprimir esta
PRIMERA EDICIÓN
en los talleres de Grafhika Copy Center Ltda.,
Santo Domingo 1862, Santiago de Chile,
en octubre de 2018.

DIAGRAMACIÓN
Yenny Isla Rodríguez

DISEÑO DE PORTADA
Norma Díaz San Martín

IMAGEN DE PORTADA
Biblioteca Pontificia Vaticana. Ms Vat. Lat 731 parte 1, fol. 9r
(Summa Theologicae. Detalle)

www.universitaria.cl

IMPRESO EN CHILE / PRINTED IN CHILE

Santo Tomás de Aquino

Cuestiones disputadas
Acerca de lo malo

EDICIÓN BILINGÜE

María Isabel Flisfisch

Francisco Conejera

Traducción, introducción, comentarios y notas
Humberto Giannini y María Isabel Flisfisch

La publicación de esta obra fue evaluada
por el Comité Editorial de Editorial Universitaria.

EDITORIAL UNIVERSITARIA

ÍNDICE

PRÓLOGO A LA SEGUNDA EDICIÓN

En el año 1994 publicamos una edición y traducción al español de los cinco primeros artículos de la obra *Quaestiones Disputatae, De Malo,* con una introducción, comentarios y notas. En esos años presentamos este texto como primicia en lengua española; hoy ya existe una traducción al español de Ezequiel Téllez publicada en España (1997-2015), además de otras traducciones a lenguas modernas.

Han pasado más de veinte años y, con la colaboración de la Facultad de Filosofía y Humanidades, he considerado que un justo homenaje a Humberto Giannini, maestro, colega y amigo, es presentar a nuestros lectores una segunda edición del libro.

La propuesta consiste, hoy, en una edición bilingüe –latín-español– que, estoy segura, entusiasmará a nuestros lectores como un nuevo desafío. Hemos corregido los errores que inevitablemente aparecieron en la primera versión de la traducción. Hemos reestructurado el libro trasladando las introducciones de cada artículo a un estudio preliminar a continuación de la Introducción. También hemos revisado, corregido y actualizado minuciosamente las notas y agregamos una bibliografía acotada a la edición de textos citados o comentados.

Durante el trabajo que significó esta reedición nos convencimos de que cometimos una injusticia imperdonable en la primera edición, al decir que "una primera lectura del texto resulta difícil y árida, que el lector no logra percatarse de qué posiciones están en juego ni hacia dónde va el autor; que el lenguaje es pobre, reiterativo y penosamente parco, descarnado…". Hoy reconocemos que se trata, en estas *Quaestiones Disputatae,* de un lenguaje extremadamente preciso, no susceptible de errores, dados los temas que trata, capitales para el siglo XIII; y aunque son temas muy concretos y específicos, Santo Tomás todavía hace gala de secuencias lógicas en las oraciones que no están exentas de belleza. Nos pareció notable el uso de un artículo definido –*ly*–, préstamo de la lengua vernácula al latín, en el cual no existen artículos, para explicar la especificidad de

una cosa, en este caso de una acción en particular sobre lo malo (art. 2º, ad 2º y art. 3º ad 6º).

Nos hemos mantenido fieles a la 8ª edición revisada de Marietti, de 1949, texto que reproducimos, a pesar de que ya podemos contar con la edición crítica Leonina, que no estaba disponible cuando hicimos la traducción. De todas maneras la hemos tenido presente para aquellos pasajes que nos parecían algo dudosos.

Agradecemos a las personas e instituciones que han hecho posible esta publicación: a la Decana María Eugenia Góngora Díaz y a la Facultad de Filosofía y Humanidades de la Universidad de Chile, a don Arturo Matte Izquierdo y a Editorial Universitaria.

En esta nueva edición quiero agradecer muy especialmente la colaboración y apoyo de Francisco Conejera Ganora, sin cuyo incesante trabajo este libro no habría visto la luz nuevamente. Agradezco también a Claudio Gutiérrez Marfull por revisar y corregir la traducción, así como por sus valiosos comentarios. Finalmente agradezco a Valeria Mardones Montenegro, por su ayuda en la digitación del texto original.

El año 2017 dediqué a esta *Cuestión Primera* el seminario de traducción de textos latinos que dicto el segundo semestre de cada año, lo que me permitió dialogar con nuevas generaciones sobre estos viejos cuestionamientos acerca de lo malo. Quiero reconocer particularmente el trabajo que le encargué al ayudante del seminario, Fabián Olave Ramírez, quien hizo un concienzudo análisis de las fuentes citadas en esta *Cuestión Primera*.

INTRODUCCIÓN

No son pocos los pensadores –teóricamente escépticos– a los que les ha tocado sufrir en carne propia esta verdad: que en la vida pública, civil, están permanentemente en juego "bienes" o "valores" a los que el hombre no podría renunciar sin sentir degradada su condición humana; que no se trata, pues, de meras convenciones, de voces carentes de correlato real. Respecto de aquellos que no han llegado a comprenderlo, cabría preguntarse si haber vivido en estos tiempos sirvió de algo para hacer filosofía. O si una teoría científica del sentido y del sinsentido era más importante que el sentido de su propia experiencia y la de millares de otros seres humanos.

La paradoja es que, viniendo a descubrir el hombre la realidad de "ciertos bienes" o, desesperadamente, su necesidad, ha venido a descubrir también que tales realidades requieren de nuestro concurso, y que sin ese concurso –creer apasionadamente en ellas– existen como pura nostalgia, como utopías.

Vivimos unos tiempos en que no se sabe qué principios, qué experiencia común invocar, a fin de decidir honradamente sobre "lo bueno" y "lo justo", aun cuando se sospecha que esas cualidades existen o pueden existir. Por eso, es un hecho histórico de los últimos tiempos que la filosofía "del ser en cuanto ser", la filosofía especulativa, pierde prestancia y prestigio. Lo que importa, en todo caso, es la comprensión de las cualidades del ser, esto es: de aquello por lo que las cosas lucen su ser y hacen ser deseable el mundo, la vida, el ser mismo. En esta atmósfera ansiosa, desordenada, irregular, en que se presenta el pensamiento, vuelve el tema ético como una preocupación generalizada, pública, que pide a la filosofía un encaminamiento teórico y orientación. Y vuelve esta inquietud a causa de una experiencia primaria y reiterada, que la filosofía intelectualista más próxima no ha querido acoger: la experiencia del mal y del malestar del "hombre en el mundo"; la experiencia del sinsentido. Flota la pregunta, ¿por qué el ser y no más bien la nada?, ya sofocada en su época por el

optimismo socrático[1]. Es nuevamente un malestar profundo, en medio de un extendido bienestar económico, de proezas científicas, técnicas, lo que asombra y sobrecoge al hombre más perceptivo; es el malestar en el mundo lo que ha terminado por sacar de "su sueño dogmático" a la sensación de autosuficiencia que ha dominado el mundo moderno.

La indagación sobre el bien –y la ética como teoría del bien– representa un saber fundado, en cierta medida secundario, por cuanto existe solo a raíz del bien que falta, esto es: de la privación. Y es a raíz del mal de todos los días que intentamos definir un horizonte de sentido, una tarea humana y un deber ser, más allá de lo que es útil o meramente convencional.

Es necesario, pues, volver a la pregunta primaria, al asombro propio de la experiencia moral.

Hace más de 700 años Santo Tomás de Aquino consagró buena parte de su genio especulativo a los casi insolubles problemas derivados de la experiencia del mal. Su obra *Quaestiones Disputatae* destina la parte llamada *De Malo* al estudio del tema en un total de 101 artículos[2], de los cuales comentaremos aquí los cinco iniciales:

Primero, se pregunta si lo malo es algo.
Segundo, si lo malo es en lo bueno.
Tercero, si lo bueno es causa de lo malo.
Cuarto, si lo malo se divide convenientemente en culpa y castigo.
Quinto, se pregunta qué tiene más razón de lo malo, si la culpa o el castigo.

No ha sido nuestro propósito solamente el de traducir a lengua castellana los cinco primeros artículos de la obra. Queremos, además, acercarnos a la espiritualidad de una época y, a través de este rodeo de siete siglos, volver a nosotros, hombres "sin prejuicios ni dogmas reconocidos", a nosotros, seres desamparados en el desierto de lo no esencial, para preguntarnos por ese mismo problema que ha atormentado a la humanidad desde sus míticos inicios y replantear a nuestro modo la vieja pregunta: ¿Por qué el mal en

---

[1] "El mal es ignorancia", diría Sócrates, idea que defendería Platón en su *Apología*.
[2] Santo Tomás volverá sobre este tema en la *Suma Teológica*, la *Suma Contra Gentiles* y las *Sentencias*.

el mundo, en medio del saber y de la eficacia del dominio técnico? ¿Por qué el mal que no queremos y no el bien que queremos?[3]

Antes de entrar en el texto mismo quisiéramos dar algunos pasos a fin de mostrar algo de la espiritualidad propia del siglo XIII en Europa, a propósito, justamente, del "género" de comunicación, del estilo y lenguaje con que nos vamos a encontrar en esta obra.

Cuestiones disputadas[4], un género de comunicación

La filosofía, en cualquier tiempo y lugar, es una de las formas más altas y difíciles de la comunicación humana. Se sustenta –no hay que olvidarlo– en la realidad del lenguaje. Y no decimos esto solo por el hecho obvio de que se transmite verbalmente, sino porque toda "cuestión filosófica" está invadida por la realidad omnipresente de la palabra.

Esto lo veremos primero a propósito de la transmisión verbal del pensamiento tomista: del género (literario) que asume; luego, a propósito de su organización, estructura y dificultades de estilo y personalidad, aspectos que son descuidados en el examen de las obras filosóficas en general en beneficio del "contenido".

Recordemos, por ejemplo, que el primer género del pensamiento griego fue el poema filosófico. Basta citar a Parménides, a Empédocles o a Anaxímenes. Luego, con el despliegue ciudadano, la filosofía empezó a ser dialógica –diálogo oral: Sócrates; diálogo escrito: Platón– y por siglos conservó este género como el suyo más propio: San Agustín, Boecio, San Anselmo, Abelardo, etc., escriben en el género "dialógico" y después, pasado el periodo clásico de las *quaestiones disputatae*, nuevamente es el diálogo el que triunfa en el Renacimiento: Galilei, Valla, Bruno.

Aristóteles y su descendencia espiritual parecen ser la excepción, al menos respecto de la llamada filosofía esotérica llegada hasta nosotros. Se sabe que estas lecciones fueron dictadas a sus alumnos –de ahí su nombre: ἐσωτερικός[5]– y tal vez, posteriormente, revisadas y recompuestas.

---

[3]   Famosa la exclamación de Medea: *Video meliora proboque, deteriora sequor.* "Veo las cosas mejores y las apruebo, y sigo las peores". *Ovidio. Metamorphoseon.*VII, vv2021.

[4]   "Cuestiones", en el mismo sentido común con que nos referimos a problemas o dificultades.

[5]   De ἐσωτέρω –esōtérō– más adentro. Con el término "esotérico" se designa una idea, una teoría, destinada exclusivamente a los iniciados.

Con todo, al enfrentar cualquier tema, Aristóteles recurre a una re-
construcción del estado en que se encontraba el problema, recurso a través del cual mantiene una suerte de diálogo previo con distintos autores
y escuelas antes de entrar a desarrollar su propio punto de vista. Gracias
a este cuidado metodológico –y a esta consideración por el pensamiento ajeno– la posteridad pudo recoger diversas versiones sobre los más
variados problemas, opiniones que de otro modo se habrían perdido.
En Aristóteles está, por cierto, el germen de las *Cuestiones Disputadas* de
que vamos a hablar.

Algo de historia

La *disputatio* tuvo su origen en la lectura (*lectio*) del Texto Sagrado y en
las dificultades (*quaestiones*) que el estudio de dicho texto, y de las glosas e
interpretaciones anteriores, ofrecían al estudiante; nace propiamente cuando las escuelas –conventuales, parroquiales o palatinas, como la escuela de
Notre Dame– empiezan a transformarse en universidades –corporaciones
de estudiantes y docentes– a partir del siglo XII. De este siglo es Abelardo,
el gran maestro en el arte de disertar y disputar en la *logica nova* –en oposición a la *logica vetus* de Aristóteles–. Es en el siglo XII, justamente con el
revuelo intelectual que empieza a causar la recuperación del pensamiento
metafísico de Aristóteles y la consolidación definitiva de las universidades,
cuando la disputa se convierte en una suerte de competencia académica.

Aparte de la *lectio* que daba el *magister* durante la semana en la Facultad de Teología, se disputaba sobre asuntos de los que existían grandes
dudas o planteados en contra de lo ya dado por sabido, sobre asuntos
que ofrecían más de una solución armónica con la doctrina o la racio-
nalidad o que podían prestarse a varias interpretaciones. Y estas son las
Disputationes Ordinariae, como *De Malo*, que una vez por semana ofrecía
el Doctor Angelicus, durante un año académico de 42 semanas lectivas.
Las *Quaestiones Quodlibetales*, abiertas a cualquier tema, se ofrecían, en
cambio, dos veces al año y en fechas fijas: cerca de Navidad o de Pascua
de Resurrección.

Pierre Mandonnet presenta de un modo muy vívido cómo eran lla-
mados y cómo ocurrían estos encuentros al interior de las Facultades:

Cuando un maestro disputaba se suspendían todas las lecciones dadas en la mañana por los otros maestros y por los ayudantes de la Facultad. Solo el maestro que proponía la disputa hacía una corta lección para permitir la llegada de su público; después, empezaba la disputa. Esta ocupaba una parte más o menos considerable de la mañana. Todos los ayudantes de la Facultad y los alumnos del maestro que disputaba debían asistir al ejercicio. Los otros profesores y estudiantes quedaban libres al parecer, pero es muy posible que acudiesen en mayor o menor número, según la reputación del maestro y el objeto de la discusión. El clero parisino, así como los prelados y otras autoridades eclesiásticas de paso por la metrópoli, frecuentaban con gusto estas justas que apasionaban a los espíritus. La disputa era el torneo de los clérigos[6].

Así pues, iniciado el debate, el ayudante o a quien el maestro hubiera encomendado la tarea, exponía brevemente el estado de la cuestión (*status quaestionis*). Seguramente, en ese momento, los alumnos del curso, los ayudantes y, por lo general, otros profesores interesados en el evento, iban proponiendo en forma muy esquemática las dificultades que les parecía involucrar la toma de una posición determinada. Se constituía así lo que podríamos llamar la "opinión dominante respecto del problema propuesto". Hay que advertir, sin embargo, que estas dificultades formuladas por el público —que deberían tratarse de planteamientos sostenidos en serio y asumidos hasta sus últimas consecuencias—, tenían más bien la apariencia de poner a prueba la fuerza argumentativa del maestro que proponía la cuestión.

En una segunda jornada el maestro exponía *ex cathedra magistrali,* su respuesta: se la llamaba *determinatio,* pues en virtud de ella zanjaba también, una a una, las dificultades planteadas el día anterior, que por lo general habían sido taquigrafiadas, resumidas y ordenadas por sus colaboradores más directos. De tal modo, la cuestión disputada, que corresponde a lo que llamamos "artículo", quedaba inmediatamente en condiciones de ser editada, si esto se creía oportuno.

6   Mandonnet Pierre, OP (1918). "Chronologie des questiones disputées de Saint Thomas d´Aquin". En: *Revue Thomiste* XXIII, pp. 267-268 (la traducción es nuestra)

Estructura de un artículo

La disputa semanal en torno a un problema concreto constituye un artículo, y las *Quaestiones Disputatae* están formadas por numerosos artículos alrededor de un tema. En el caso de Santo Tomás tenemos siete obras que reúnen más de 510 disputas (artículos):

De Veritate	París, 253 artículos (1256-59)
De Anima	Roma, 21 artículos (1265-66)
De Potentia	Italia, 83 artículos (1266-68)
De Spiritualibus Creaturis	París, 11 artículos (1269)
De Caritate	13 artículos (1271-72)
De Virtutibus Cardinalibus	4 artículos (1271-72)
De Correctione Fraterna	2 artículos (1269-70)
De Spe	4 artículos (1269-70)
De Malo	81 artículos (1269-72)[7]
De Virtutibus	París, 36 artículos (1271-72)
De Unione Verbi incarnati	París, 11 artículos (1271-72)

Examinaremos ahora la estructura de un artículo. Cada uno lleva como título la formulación de una pregunta indirecta:

a) [...] QUAERITUR (Se pregunta) UTRUM (Si acaso) [...]: A es B o no.
En resumen, la pregunta es: ¿A o no A? (Si lo malo es algo o no; si lo malo se divide en culpa y castigo o no, etc.). Y dada la estructura de la pregunta no cabe otra cosa que argumentar a favor o en contra.

El ayudante, o quien acompaña al maestro en la Disputa, separa los pro y los contra, los ordena y enumera (tal vez los vuelve a leer en voz alta). En primer término, son ordenados y enumerados los argumentos de lo que podríamos llamar "opinión dominante". Esta opinión formula objeciones y consideraciones críticas a la

---

[7] La datación de las *Quaestiones*, que ofrece más de alguna dificultad, la hemos sacado de la edición de 1949, publicada por Marietti. *S. Thomae Aquinatis Doctoris Angelici Quaestiones Disputatae.* Editio VIII Revisa. 2 vols. Vol. I *In Quaestiones Disputatas Introductio Generalis*, p. XVI. Hemos consultado también el prefacio a la edición española de *De Veritate*: Santo Tomás (1978). *Acerca de la Verdad.* Santiago-Universitaria. Edición de Humberto Giannini y Oscar Velásquez.

otra parte de la alternativa, generalmente sostenida por el maestro en su Respuesta. Lo que no significa una oposición real entre el pensamiento dominante en torno a un problema y la Respuesta tomista. Es verosímil, como advertíamos, que muchos argumentos fuesen esgrimidos solo para probar la solidez de la tesis que se sabía, o se suponía, iba a sustentar el maestro; otros para poner dificultades, mostrar puntos oscuros, discutibles o aparentemente contradictorios entre los autores cristianos. Es evidente, por ejemplo, que ningún teólogo de la época habría afirmado seriamente que el mal es algo, como es el parecer que da, en el artículo 1º, la opinión dominante.

Los argumentos siguen esquemas lógicos, transparentes, por su corrección y brevedad —si la proposición A implica B, y B implica C; entonces A implica C; o un elegante *modus tolens*: "p implica q. Pero no-q; entonces, no-p"—. En estos esquemas las premisas son principios, ya sea dogmáticos (incluyendo la Patrística), lógicos u ontológicos, generalmente reconocidos por la comunidad. Ejemplos: a) Todo lo que corrompe actúa; b) todo lo que actúa es. Ergo, todo lo que corrompe (el mal) es. O bien: a) Si la maldad no fuese algo, no habría cosas malas; b) Pero hay cosas malas. Ergo, la maldad es algo.

Así, expuesta una serie de objeciones fundadas en algún principio reconocido, el ataque de los que se oponen, de los que objetan, se traslada a otro principio, y de ahí a otro, hasta recorrer todos los flancos de ataque. A veces, para pasar de un tipo de argumentación a otro, se emplea el recurso de recoger una contraargumentación real o posible, o adelantarse a ella —*Sed dicebas…, sed dicis…,*: pero, decías, pero dices—. Y a renglón seguido se retoma el ataque: "pero, *contrariamente a eso* que decías, que dices".

En esta primera parte que llamamos consideraciones del estado de la cuestión, puede ocurrir —y ocurre generalmente— que haya una opinión minoritaria que sostenga la otra parte de la alternativa. Se la ordena y enumera a continuación de la opinión dominante: "Pero, por el contrario (*Sed contra*), hay que decir […] 1, 2, 3 […]".

b) A la respuesta se la denomina también "cuerpo del artículo". En este, el maestro sienta doctrina —*dicendum quod…*: hay que decir que— en torno al problema planteado, determinando qué parte de

la alternativa deberá tenerse por verdadera, con qué limitaciones o respecto de qué *–secundum quid–*. Ha de tenerse en consideración que el objetivo de una disputa no es imponer un criterio personal, sino llegar a una conclusión convincente para las partes, que haga cada vez más sólida, inexpugnable y universal una doctrina y una experiencia compartida.

c) En la estructura del artículo hay aún una tercera parte en la que el maestro da una solución derivada de su planteamiento general a cada uno de los argumentos que se presentaron en la primera parte y, a veces, a las evidencias aparentemente favorables a su propia posición.

El estilo de Santo Tomás

No se puede esconder que una primera lectura del texto resulta difícil y árida, que el lector no logra percatarse de qué posiciones están en juego ni hacia dónde va el autor; que el lenguaje es pobre, reiterativo y penosamente parco, descarnado, etcétera.

Sin embargo el lector debiera considerar, ante todo, que estos "artículos" no son propiamente piezas literarias retocadas, embellecidas por la voluntad del autor, sino más bien actas de un debate vivo cuya edición posterior era seguramente una empresa que marchaba por su cuenta, independiente de la intervención del maestro.

Se dice, por otra parte, que Santo Tomás "está más atento a las cosas que a las palabras". Efectivamente, no se cuidaba del estilo y jamás habría sacrificado la univocidad ni la precisión a la elegancia y a la ostentación de un manejo de palabras o de bellas metáforas. Va directo y sin dilaciones al asunto, en un lenguaje que ofrezca el menor peligro de extravío. Nuestras dificultades estriban más bien en eso: en que ya no somos capaces –o tal vez nuestra lengua ya no es capaz– de tal concisión.

Pero a propósito del aparente descuido y esquematismo, habría que recordar, ante todo, que estos artículos son expresiones de un debate *in situ*, que en cierto sentido no solo representa el pensamiento de un autor, sino el de toda una comunidad de profesores y alumnos universitarios; expresiones de múltiples perspectivas y opiniones conocidas y anónimas. Habría que recordar, por último, que Santo Tomás ofrecía estos "torneos" una vez a la semana –incluso dos veces–, por lo que difícilmente podría

haber recompuesto el material según un estilo más cuidado y personal. Lo que, además, no habría sido bueno.

Yendo ahora a problemas puntuales de traducción: en primer término, el uso de ciertos conectores, de partículas prepositivas y de relación, ha significado a veces problemas que comprometían el sentido de lo que estábamos traduciendo y para los cuales no teníamos ningún criterio de ayuda a no ser el texto mismo, o el auxilio de textos paralelos –la *Summa Theologica*, la *Summa Contra Gentiles,* etc. –. Otro tanto nos ha ocurrido a veces con la puntuación, tan distinta a la nuestra, y que hace difícil una traducción que quiera ser fiel al texto y al estilo –o al antiestilo– del autor y, al mismo tiempo, fiel al idioma en que se vierte. ¿Qué elegir? Por ejemplo, ciertamente molestará a quien lea este texto el empleo del término "razón" (*ratio*) de tan amplio uso en el pensamiento tomista. Hoy estamos convencidos de que no es correcto traducirlo por "noción", puesto que sería "subjetivizar" el término. Es curioso que en ciertos giros del habla común aún se emplee esta palabra: por ejemplo, "dar razón", "decir la razón de algo" con cierta proximidad a la significación que los griegos dan a *logos* y los latinos a *ratio*. De este modo, hemos preferido mantener el término. En todo caso, para quien no se habitúe a este empleo, sugerimos traducirlo por "la condición propia de…". Por ejemplo: "tener razón de lo bueno": "poseer la condición propia de lo bueno".

Molestará también el término "malo", en vez de "mal". Conservamos el uso tomista por dos razones; la primera razón es general: porque los trascendentales –lo ente, lo uno, lo bueno, lo verdadero– son expresiones adjetivas, no sustantivas. Y esto es, teóricamente, de suma importancia. Y por una razón particular: porque en ningún caso lo malo debe pensarse (y tampoco decirse) como algo sustantivo. Si es algo –y es lo que niega el cristianismo– es algo adjetivo: una mala cualidad, una mala acción, etc. Sin embargo, cuando el idioma no lo permite, sacrificamos estas razones y escribimos "mal".

Ediciones de lo malo

Desde su origen, las *Cuestiones Disputadas* de Santo Tomás tuvieron gran difusión y fueron profusamente copiadas, y los manuscritos se encuentran en

diversas bibliotecas de Europa[8]. En el siglo XV fueron publicadas en imprentas de Roma, Colonia y Venecia. Hubo cinco impresiones en el siglo XVI, tres en Venecia (1503, 1569 y 1593), una en Roma (1570) y otra en Lyon (1595). En el siglo XVII se publicó en Amberes (1610) y luego en París en 1660. En el siglo XVIII solo encontramos una impresión veneciana de 1745. En los siglos XIX y XX existen varias ediciones totales y parciales de las *Quaestiones Disputatae*, de las cuales son dignas de mención en la edición de Fiaccadori (Parma, 1852-72); la de Fretté y Maré (París, 1871-72 y de nuevo en 1889, a cargo de L. Vives); la de Lethielleux (París, 1882-84, reeditada en 1925, con prólogo de P. Mandonnet); una edición de 1883 en dos volúmenes, publicada quizás en París con mandato del papa León XIII; la edición de Marietti, que se publica por primera vez en Turín, en 1897, con varias ediciones hasta su revisión (8ª edición, revisada, 1949; reimpresa hasta 1965)[9].

La presente traducción de la *Quaestio Prima del De Malo* es la primera que se hizo en español (1994) y se utilizó la edición publicada por Marietti en 1949[10]. *Quaestiones Disputatae de Malo*, en su totalidad, ha sido traducida posteriormente al español por Ezequiel Téllez, utilizando la edición Leonina y publicada por EUNSA (1997/2015). En Francés, Nouvelles Editions Latines publicó *Questions disputées sur le mal*, en dos tomos en 1992, en una edición bilingüe, utilizando la edición Leonina, con traducción de los monjes de Fontgombault. En italiano, *Il male. Testo latino a fronte,* apareció en 2001, con traducción de Fernando Fiorentino y publicado por Bompiani. Existe una traducción al inglés de Richard J. Regan, basada en la edición Leonina, en dos ediciones, una bilingüe y anotada (2001) y otra unicamente en inglés, *On Evil* (2003), ambas de Oxford University Press. En alemán, Felix Meiner Verlag publicó *Vom Übel. De malo* en dos volúmenes, 2009 y 2010 (tomos 11 y 12 de *Thomas von Aquin Quaestiones Disputatae*), traducido por Stefan Schick.

---

[8]   *S. Thomae Aquinatis Doctoris Angelici Quaestiones Disputatae*. Editio VIII Revisa, 2 vols. Roma-Marietti, 1949. Vol. 1 *In Quaestiones Disputatas Introductio Generalis*, pp. XVII-XVIII. Y *Sancti Thomae de Aquino Opera Omnia Iussu Leonis XIII P.M. Edita. Tomus XXIII. Quaestiones Disputatae De Malo*. Roma-Comisio Leonina / Paris-Vrin., p. 6* y ss.

[9]   En 1879 el papa León XIII crea la Comisión Leonina, a cargo de hacer la edición crítica de las obras completas de Santo Tomás, labor que iniciaron en el decenio siguiente a su creación. *Las Quaestiones Disputatae de Malo* fueron publicadas recién en 1982.

[10]   En esta segunda edición hemos utilizado nuevamente la edición publicada por Marietti (1949), la cual reproducimos. También hemos tenido presentes la edición Leonina (1982) y las versiones digitales de los manuscritos: Borgh. 113 y Vat. Lat. 787 part. 2, ambos de la Biblioteca Apostólica Vaticana.

ESTUDIO PRELIMINAR

Acerca del Artículo 1°

I

Es familiar la experiencia del dolor, del abandono, del malogro en las cosas que deseamos; son familiares la enfermedad y la muerte; experiencias cotidianas de lo malo a las que a la larga nos acostumbramos, con las que contamos desde siempre a fin de sobrellevar la vida. Pero existe también la experiencia de lo malo como algo demoledor e incomprensible, que un mal día cae sobre el justo, sobre el inocente, sobre el débil, y lo aniquila; de lo malo que viene desde quizás dónde, como tara, o se desata repentinamente como enajenación, pérdida de sí, o carcome silenciosamente las entrañas, como odio o mala fe. Existe, como diría San Agustín, la experiencia de los males que se padecen y la experiencia de lo malo que hacemos.

¿A qué realidad corresponde esta experiencia tan antigua como la conciencia humana? Este es el tema que tratará Santo Tomás en *De Malo*. La pregunta inicial –filosóficamente inicial– debería ser, entonces, como respecto de otros temas de investigación: ¿Qué es lo malo? Sin embargo esto equivaldría a dar por supuesto que el mal es algo en la realidad y que solo falta determinar su modo de ser: si es un dios, un espíritu, "una sustancia", una cualidad, etc. En este texto la pregunta parte desde más atrás; es más prudente, más elemental: se pregunta si lo malo –no el Mal– es algo en la realidad. O no lo es en absoluto.

Como hemos visto, es común en las *Cuestiones Disputadas* que los argumentos que conforman lo que llamábamos "Opinión dominante" correspondan a puntos de vista contrapuestos a la *Respuesta* de Santo Tomás. Así, en este primer artículo se va expresando esta opinión en una sucesión de argumentos que, a partir de diversos principios, llegan a lo mismo: *que parece que lo malo es algo real o algo substantivo en las cosas.*

En primer término, por una razón exclusivamente dogmática: porque según las Sagradas Escrituras, el mal es algo creado, como veremos en el primer argumento. Luego vienen argumentos de orden estrictamente especulativos: así, los argumentos 2º y 3º se apoyan en el supuesto de que "bueno" y "malo" son contrarios, como frío y caliente. Ahora, la contrariedad expresa modos límites de ser de una misma especie –y no podríamos conocer nada de una especie si no conociésemos sus modos extremos de ser–, por ejemplo, en las cosas sonoras, lo grave y lo agudo. Así pues, desde que se reconoce la existencia de las cosas buenas –y esto el cristianismo lo afirma con energía– deberá reconocerse la existencia de las cosas malas.

Los argumentos 4º, 5º, 6º y 7º discuten la posibilidad de que "bueno" y "malo" se opongan entre sí como posesión: el uno, de una cualidad que lo hace bueno; y como mera privación, el otro, de esa misma cualidad, *que debería tener por naturaleza.*

Con esto se vuelve a la tesis primera: que "lo bueno" y "lo malo" son contrarios y, como tales, la existencia de uno implica la del otro.

Otros argumentos destacan determinaciones concretas de lo malo: que lo malo actúa (7º, 8º), que lo malo corrompe (8º, 9º), que se mueve hacia un fin (9º), que es género (10º), que es diferencia (11º), que es susceptible de lo más y lo menos (13º), etc. Entonces, habría que reconocer, se dice, que estas determinaciones pertenecen a algo. Lo que estaría garantizado, además, por la afirmación de Aristóteles –el Filósofo– que dice que "verdadero" y "falso" son cosas que están en el juicio de la mente, pero que "lo malo" y "lo bueno" en la realidad misma (20º).

II

La Respuesta es contundente: lo malo es privación de lo bueno y, por lo tanto, nada real, nada activo ni eficiente. Y esto es lo que hay que mostrar.

Santo Tomás rara vez hace uso de este sustantivo: "Mal". Habla de "lo malo", y a propósito justamente de lo malo hace esta distinción previa: una cosa, dice, es designar a algo por la cualidad que tiene: "negro" al hombre de piel oscura; y otra cosa es designar a la cualidad misma: "negro" al

22

mismo color negro. Algo parecido ocurre con "malo": una cosa es llamar "malo" a algo; y otra al mismo defecto que "tiene"[11].

Cuando afirma Santo Tomás que lo malo no es algo real, no se refiere a lo malo dicho en el primer sentido: malo o no, el artefacto que es malo, la máquina que es mala, etc., existen. Sin embargo, si pretendiéramos mostrar la cualidad misma de "malo" que hay en el artefacto, nos encontraríamos con desajustes, con piezas colocadas al azar, con piezas envejecidas, con conexiones no hechas, etc., pero no con algo existente por sí que se pudiera llamar "malo", así como existe el color que decimos "negro". Lo malo, en nuestro caso, no es otra cosa que una falta, un defecto en el mecanismo: *un menos ser del que debiera ser*. Así, es malo por el ser que le falta y no por algo real que pudiésemos mostrar como "esto malo". Y, si malo es por lo que le falta, por lo que tiene, por lo que es, la cosa es siempre buena. Y esto lo prueba Santo Tomás de tres maneras.

a) Las causas superiores son superiores porque son inteligentes, es decir, porque actúan en vista de lo inteligible y se da esta proporción: mientras una causa abarca más con su "vista" –mientras es más universal–, el fin por el cual actúa es también más universalmente bueno. Y pone el ejemplo del regente de una ciudad en relación con el rey que busca la concordia de todo el reino, lo que es más universal.

Así, Dios, que no es solo causa del orden y del devenir de las cosas, sino del ser mismo de ellas, tiene que actuar por el Bien más universal y el más inteligible de todos y ser la Causa en vistas de la cual todo es y actúa. Y este Bien no es otra cosa que Él mismo. Por lo que así como todo lo que proviene de la causa universal de ser es un ente particular, así todo lo que proviene del Bien universal es un Bien particular[12].

b) Para cualquier cosa, por insignificante que sea, existe otra cosa que la apetece porque la necesita para su perfección, para su complemento, utilidad o goce. Todo lo que es, entonces, es apetecible, amable.

---

[11] Aquí el "tener" denota más bien un no tener.

[12] Aquí hay varios principios en juego: a) todo lo que actúa, actúa en vistas de un fin; b) todo fin es, de alguna manera, bueno; c) *en la naturaleza,* lo que tiene más poder de acción actúa por encima de los fines particulares: es más universal. Y más poder tiene el hombre que las bestias (pues el hombre actúa en virtud de principios universales); y más poder las sustancias puramente espirituales (los ángeles) que el hombre; e infinitamente más poder Dios que los ángeles, pues Dios es lo inteligible. Y del mismo modo, Dios es el bien mismo.

c)   Incluso, apetecible es cada cosa respecto de sí misma en cuanto, ante todo, trata naturalmente de acrecentar su propio ser o, al menos, conservarlo.

Así, siguiendo una vieja fórmula cristiana: cualquier cosa del mundo es amable –digna de amor– porque Dios la ama; pero, también, porque hay alguna cosa en el mundo que la apetece y la quiere para sí. Solo a Dios se le ama por ser, Él mismo, amable, en cuanto es el Bien; y es por su pura voluntad de Bien que hace que todas las cosas sean buenas: "Y produjo la tierra hierba verde, hierba que da simiente según su naturaleza, y árbol que da fruto, cuya simiente está en él, según su género; y vio Dios que era bueno" (Génesis. 1, 12).

Así pues, si lo malo fuese algo, en cuanto malo no sería apetecido por nada; pero tampoco podría apetecer nada, pues en la medida en que apeteciera quedaría ligado a lo bueno. No tendría entonces acción ni movimiento, pues todo lo que se mueve, se mueve en virtud de un fin, es decir, de un bien.

Acerca del Artículo 2°

I

Examinemos brevemente la pregunta que se hace en este artículo: *quaeritur utrum malum sit in bono*. Traducimos *sit in bono* como "es en lo bueno" debido a que "ser en algo" es el modo en que la tradición aristotélico-tomista designa todos los modos accidentales de ser; entre otros, el de estar en un lugar (Aristóteles enumera otros siete, que por analogía al de lugar denotan otros modos en que se dice que una cosa es *en* otra[13]). Ahora, en general, "ser en" significa una dependencia absoluta de ser en algo, de tal modo que la cosa dependiente no podría llegar a constituirse como tal cosa sin aquello de lo cual depende. Así, el color es absolutamente dependiente de la superficie en la que es. Y este es el sentido de la actual pregunta.

---

[13]   Aristóteles (2016). *Las Categorías.* 2, 20. Santiago-Universitaria, p. 41.; y (1995). *Física.* 210a 15-25. Madrid-Gredos.

En el artículo 1º Santo Tomás ha establecido que lo malo no es algo. Y esto significa no solo que no es algo independiente (subsistente): un dios, un espíritu, una cosa maligna que irradie a su alrededor el mal y solo el mal. Que lo malo no es algo significa que tampoco es en algo, porque lo que es en algo parece imposible que no sea algo: cualidad de ser, cantidad de ser, conducta, acción, etc. El doctor Angélico, al negar que el mal sea algo, también está negando, así, que sea algo real inherente a algo real (en él). Teniendo firme el principio que dice que todo lo que es, es bueno, estaríamos por suponer que al preguntársele si lo malo es en lo bueno, esto lo va a contestar negativamente.

Pero no es así: por el contrario, su respuesta enfrentará los argumentos (la opinión dominante) que parecen poner en evidencia esta imposibilidad.

¿Cuáles son estos argumentos?

Para empezar[14], resulta indiscutible: lo que no es ente no puede ser algo. Y como ya se mostró en el art. 1º (in corp), lo malo no es ente. Por tanto, no puede ser en lo bueno, ya que todo lo que es es bueno[15] (argumento 13º). Pero supongamos solo por un momento que lo malo fuese en lo bueno. Dado que para el cristianismo todo ente es algo creado, resultaría que en lo creado hay algo de malo. Defecto de hechura que debería ser imputado al Hacedor. Y esto es lo que da por sentado Pseudo Dionisio que debe negarse (argumento 1º). Además, de ser el mal en lo bueno, no podría dejar de corromperlo –como la enfermedad al organismo– y con el tiempo volver lo bueno absolutamente malo (argumento 7º).

Y aparece de nuevo el argumento de los opuestos: aceptado que "bueno" y "malo" no sean contrarios sino opuestos como "posesión" y "privación", de todos modos, resulta impensable que la privación sea en la posesión. Es evidente en cambio, que donde hay posesión de algo (luz, por ejemplo) no hay privación (allí mismo, tinieblas) (argumentos 3º, 4º, 5º).

Y en general, no es posible que lo malo sea en lo bueno como un accidente: como la cualidad –por ejemplo el color, la figura, etc.– lo es en la cosa. Y esto no es posible, entre otras razones, por esta: porque si tal modo de ser en la cosa pertenece a la naturaleza de la cosa, mientras más

---

[14] Es un modo de empezar nuestro comentario; los argumentos se ordenan en el texto de otra manera.

[15] "Y todo lo que es bueno, es algo". Este principio, válido también para lo verdadero, se denomina principio de convertibilidad: *Ens et bonum convertuntur.*

plenamente la cosa es "sí misma" (es buena), más brillará eso que es por naturaleza en ella; así cuando la fruta está en su sazón, más sabrosa es. Y, de esta manera, mientras más buena fuera una cosa (más plena) tendría que ser más mala; o, dado que las cualidades naturales que se destacan de una cosa sirven para nombrarla, como el color naranja a la naranja o "pera de agua" a la pera más jugosa, tendríamos que llamar "malo" a lo bueno. Y así, otros tantos absurdos (argumentos 7°, 10°, 11°, 12°).

Sin embargo, puede contraargumentarse, como lo hará Santo Tomás en la Respuesta, que lo malo es en lo bueno no como algo existente, sino como privación. Esta respuesta no parece satisfactoria al argumentista que interviene en el argumento 2°, dado que, justamente, el defecto es un despojo del bien que deberá tener, entonces, es una causa que no puede ser privación, porque así se va al infinito en las respuestas.

II

La respuesta de Santo Tomás: Cada cosa de la naturaleza se mueve hacia su propio bien, y al hacerlo se mueve hacia el bien de su especie, que participa, a su vez, de la Vida y del Bien universales. Todo tiende hacia el bien, incluso lo inanimado, incluso lo que todavía no es, como la materia indeterminada que "anhela" la forma. Por eso, Platón y su escuela sostienen que el ámbito de lo bueno es incluso más extenso que el ámbito de lo que es, de la realidad[16].

Es a causa de esta dirección hacia lo bueno que, dicen los platónicos, "bien es lo que todos apetecen". Es en este sentido que lo malo simplemente no tiene cabida en la economía universal. Sin embargo, que todo ente sea bueno, en el sentido absoluto de estar ordenado hacia el Bien, no significa que cualquier cosa sea un "esto bueno", por ejemplo un buen guitarrista o una buena herramienta.

Si desde un punto de vista universal todo es bueno, vamos a examinar ahora desde el punto de vista de las cosas en su perfección concreta qué es lo que Santo Tomás llama "bueno" y "malo".

---

[16] Más extenso porque también abarca, además de la realidad, la materia y la forma.

Bueno, dirá, es el acto por el que una cosa alcanza plenamente el ser que potencialmente podía llegar a ser, v.gr. la actuación del guitarrista en el momento cúspide de su preparación: bueno es, justamente, lo perfecto, en contraposición a lo defectuoso[17].

Desde este punto de vista no absoluto, "bueno" se refiere a tres niveles de realidad:

a) A la perfección misma que hace que concretamente una cosa sea buena: el hecho de ser afilado hace bueno a un par de tijeras; la agudeza, buena a la vista; la virtud, al hombre.

b) Se dice "bueno" al sujeto que está en estado de potencia hacia algún bien, pues, recordábamos, por el hecho mismo de estar en potencia hacia su bien tiene "razón de lo bueno". Y es en un ente bueno potencialmente que puede darse la privación, esto es, la ausencia de la perfección que debería tener por naturaleza y que, de hecho, llegado el tiempo, no la tiene: por ejemplo, al hombre, ver.

c) Se juzga buena la cosa misma que posee la perfección que le conviene (por naturaleza) y no otra: se juzgará bueno un libro, en cuanto libro, no porque en un momento nos sirve de soporte para algo, sino por ser entretenido, profundo, instructivo, etcétera.

Así, malo es una suerte de resta que hacemos en la consideración de una cosa, la cual, debiendo poseer algo por naturaleza, de hecho no lo posee. Y lo malo es en lo bueno, porque solo a partir del bien que algo debe alcanzar por naturaleza podemos medir el ser menos que tiene.

Acerca del Artículo 3°

I

Hemos visto que caracterizar lo malo como privación no es dar una respuesta satisfactoria o completa. Para el que nació privado de la vista no es consuelo alguno informarse de que su mal no es nada positivo en la realidad sino privación de un bien que debió tener por naturaleza.

---

[17] *Perfectum (perfactum)*, lo que está totalmente hecho; *defectum*, lo defectuoso.

Llámese "privación" o no, la ceguera es una desgracia que ha caído irremediablemente sobre una vida. Un mal real que se sufre. La pregunta espontánea no es entonces qué es un mal, sino *por qué el mal, por qué la aflicción,* que es lo que se preguntaba Job dadas sus penurias.

Y como se ha afirmado que todo lo que es es bueno[18], la duda natural parece ser esta: Si el Bien (Dios) o lo bueno (las criaturas) pueden llegar a ser causa de lo malo. Y cómo. Puesto que, de ser posible, resultaría cualquiera de estas dos cosas: o que lo malo no es verdaderamente malo (si su causa es un bien) o que lo bueno no es tal, y que su efecto es un mal verdadero[19]. Por otra parte, si se responde que lo bueno no puede ser causa de lo malo, podría concluirse, entonces, como hacen los maniqueos, que la causa es el Mal. Pero esta conclusión, lo sabemos, es inaceptable para el cristianismo: que lo malo sea causa y que sea así una fuerza real e independiente. Por estas y otras razones, la *Respuesta* de Santo Tomás —que lo bueno es la causa de lo malo— encuentra en el camino muchos pareceres contrarios.

Por ejemplo, que lo bueno, *en cuanto tal,* no puede producir lo malo, pues, por este derrotero, lo óptimo, lo perfecto, tendría que ser causa de lo más malo y de lo más defectuoso. Lo que es absurdo (argumento 8°). Y hay un principio universal que vendría a dirimir definitivamente el asunto contra el parecer de Santo Tomás: el principio que afirma que toda causa produce algo semejante a sí (*Omne agens agit sibi simile*): 1) la causa unívoca, algo *específicamente* idéntico (y así el ser humano es causa unívoca de otro ser humano); 2) la causa equívoca, que produce un efecto que de alguna manera expresa una cualidad o un modo de ser del agente (y de esta manera, el sol es causa del calor). En cualquiera de estos dos modos lo bueno no puede causar sino algo bueno. Dicho en términos bíblicos: "Un árbol bueno no puede dar frutos malos" (argumentos 1°, 2°, 3°, 5°).

Resulta inconcebible, por lo demás, que uno de los opuestos sea causa del otro: que, por ejemplo, la vista sea causa de la ceguera, o que el frío sea causa del calor o, a propósito del problema que está en juego, que lo bueno sea causa de lo malo (argumento 4°).

---

[18] Art. 1°, *in corp.*

[19] El mundo es malo; por lo tanto Javeh, su Creador, es malo. Esta sería la tesis maniquea.

Cabría contraponer a esto, como la hará Santo Tomás, estas dos razones: en primer lugar, que lo bueno es causa de lo malo, en cuanto la cosa buena, por ser finita, es defectible (susceptible de fallar); en segundo lugar, que ocurra que algo bueno sea por accidente causa de algo malo (sin dejar por eso de ser bueno), como el que al ceder gentilmente el paso a otro en la calle, posibilitáramos que sea atropellado.

Hemos visto, sin embargo, que la privación, es decir, el defecto, no explica el mal (menos aún lo meramente defectible); que si lo bueno tiene algún defecto, y este es causa de lo malo, se sigue entonces que lo bueno ya anidaba algo malo. Y así, la pregunta por el mal no tiene fin (argumento 6°).

Respecto de la segunda razón: ¿Cómo es posible que una cosa que entorpece o anula a otra –por principio, buena también– pueda seguir siendo absolutamente buena?

Vengamos ahora a aquellos actos de los que dice San Agustín que con mayor propiedad se trata de causas no eficientes sino deficientes: a los actos de la voluntad humana. Si la voluntad deficiente –la mala voluntad– fuese causa de lo malo se llegaría al siguiente dilema: Supongamos, primero, que la voluntad falle a causa de algo que debiera existir por *naturaleza* en ella. En el caso, el hombre concreto que peca se encontraría con su voluntad ya defectuosa. Y esto, o es un castigo que antecede a sus propias culpas, lo que es inicuo, o, si no es un castigo, la falla deberá imputársele a Dios, conclusión cristianamente inaceptable. La otra parte del dilema: que falle la voluntad a causa de algo que no es necesario que exista en ella. Pero de esto no se sigue ningún mal de culpa, como no se sigue ningún mal para la piedra del hecho de no tener vista (argumento 6°). En resumen: lo que se quiere mostrar con este argumento es la paradoja de la inocencia perdida: o nunca el hombre fue inocente (como en la tragedia griega, siempre lo precedió la culpa), o nunca ha dejado de serlo.

Por todo esto, al parecer no puede decirse que el mal exista en el hombre por una mera deficiencia de la voluntad.

Por otra parte, también resulta contradictorio y paradojal decir que el mal existe por accidente. Además de la dificultad ya expuesta, porque lo que ocurre por accidente ocurre al margen de la intención del que actúa. Y si el mal ocurriese al margen de la intención del agente, su acción no sería moralmente mala. En segundo término, porque lo accidental y lo fortuito ocurren con poca frecuencia; pero el mal, todos los días (argumento 17°).

Y abundan los argumentos de este género. Veamos cómo desarrolla Santo Tomás su tesis y qué responde a las consideraciones críticas anteriores.

II

Lo bueno es causa de lo malo, pero *en el modo en que lo malo puede tener una causa.*

Existen dos tipos de causas: el primero, el de la causa por sí. Es la que produce un efecto determinado en virtud de la operación que es la suya: así, el fuego produce calor; el arquitecto, construcciones; el alma racional, actos racionales, etc. Y es evidente que lo bueno no puede ser causa de lo malo en virtud de su operación íntima o esencial. El segundo tipo es el de la causa accidental, que a su vez puede entenderse de dos modos: a) accidental por parte de la causa, como cuando digo por ejemplo que a mi hermana la operó un senador, dado que el médico que la operó es a su vez senador; y b) causa accidental por parte del efecto, como cuando digo que un médico es la causa de mis sobrinos, porque resulta que mi hermana pudo tener hijos después de que el médico la operara. Este último tipo de causalidad es el que interesa a propósito de lo malo.

Volvamos al punto de partida: lo bueno no puede ser causa por sí de lo malo porque esencialmente en la causa por sí el sentido y la intención que se perciben en el efecto provienen del sentido e intención que hay en el agente. Y todo agente busca lo bueno —según lo que le parece bueno— y no lo malo en cuanto tal.

Ahora, si lo bueno no es causa por sí de lo malo, necesariamente deberá ser causa accidental de él. ¿Cuál de las dos?

Recordemos que lo malo es privación, es decir, es la falta de aquello que, por *naturaleza*, algo debiera poseer. Lo que buscamos es, entonces, *la causa deficiente*. El *por qué* de esta falla. ¿Por qué actúa así? Porque querrá tal o cual bien relativo. El bien querido es, pues, causa final accidental del mal que la voluntad hace. Examinemos cómo se articula esto en las cosas naturales. En ellas existe, por cierto, lo malo: lo deficiente, lo híbrido, lo monstruoso, lo que en general hace violencia al impulso natural que debiera tener cada cosa. Sin embargo este mal, esta privación de ser, en última instancia, tiene una causa que no es deficitaria en sí, sino por accidente. Pues ocurre que en el entrecruzado juego causal de las cosas naturales se

lleguen a cruzar dos cadenas de causalidades distintas, y se alteren mutuamente, como el caso fortuito de los híbridos en la época de Santo Tomás. En la causalidad accidental (productora del defecto natural) ninguno de los participantes en el efecto es malo en sí, aunque el encuentro mismo es malo por accidente.

Hablemos, por último, de los actos voluntarios.

Como todo lo que tiene algún tipo de ser, la voluntad se mueve hacia el bien (hacia el objeto de sus apetitos, de sus conveniencias e intereses). Pero el *bien relativo* hacia el que se mueve la voluntad —por ejemplo la seguridad que parece otorgar la riqueza— puede estar ligado, *ser concomitante,* a un acto que es absolutamente malo —digamos al fraude, al robo, a la apropiación indebida—. Así, ligado a un bien relativo que deseo, ocurre que elijo *accidentalmente* un efecto malo que directamente no deseo. De este modo, una causa final accidental explica que yo elija junto a un bien relativo un mal absoluto. Pero no explica por qué mi voluntad hace esa elección que vuelve mala a la voluntad misma.

Entre la cosa natural y la voluntad existe, entre otras, esta diferencia: que es a causa del defecto que tiene que una cosa natural hace que lo que haga sea malo. En la voluntad, en cambio, es por un acto malo que la voluntad se vuelve y "es" mala.

Y es en la elección —y no antes— que la voluntad actúa (o puede actuar) defectivamente; por debajo de su propio poder ser. Así, el defecto —causa de la mala elección— no hay que buscarlo, como en las cosas naturales, fuera de la voluntad misma en algo que accidentalmente le ocurre, justamente porque la voluntad se define por esa capacidad suya de acoger —o de no acoger— lo que se le presenta, y de elegir según orden y medida.

En resumen: lo malo se elige accidentalmente[20], pero la causa de esta elección es el defecto —la mala voluntad— que surge en el momento mismo de elegir. Es así que por su mala elección la voluntad se priva del acto que le pertenece como propio: querer el bien[21], quedando reducida a un abstracto querer... cualquier cosa.

---

[20] Podría discutirse si en todo acto de malevolencia se elige el mal por accidente. De no ser así, ocurre como en la perversidad, que se elija el mal por el mal.

[21] Querer el bien equivale a amar con amor benevolente.

Acerca del Artículo 4°

I

En este artículo se pregunta "si lo malo se divide convenientemente en castigo y culpa". Aquí la palabra clave es "convenientemente", pues las opiniones que anteceden a la Respuesta de Santo Tomás concuerdan en que se trataría de una división:

1) no exhaustiva (porque hay muchos males que allí no se incluyen);
2) excesiva (porque parece que en la realidad hay menos males de los que allí se incluyen);
3) no esencial (porque no son males todos los que allí se incluyen).

Examinemos cada uno de los puntos:
1) Hay, en efecto, muchos males que no son ni culpa ni castigo, como los males que no ocurren ni voluntariamente ni contra voluntad. O males como las catástrofes naturales, la corrupción, el deterioro de las cosas, la enfermedad y la muerte (argumentos 11°, 12°, 13°).
2) Resulta, como se dice en el argumento 1°, que más de algún pecado es castigo. Así, si la avaricia es el mal hábito de retener para sí, cabe que las riñas, las mentiras, la angustia, que suele originar ese vicio, con justicia pueden ser llamadas también "castigo". En otro lugar, el mismo Santo Tomás ha denominado a estos males que se hacen "hijas del vicio" que se tiene[22]. Cabe, pues, considerarlas como castigo. Incluso, hay razones para ampliar esta objeción y afirmar que todo pecado es castigo por lo que la duplicación del mal en mal de culpa y mal de castigo, es excesiva (argumento 8°).
3) Respecto a este punto: si el castigo es justo, y si concedemos que la justicia es algo bueno, ¿cómo podríamos incluir el castigo entre las cosas malas? (argumento 9°).

---

[22]   S. *Thomae Aquinatis*: *Quaestiones Disputatae*. Editio VIII Revisa, 2 vols. Roma-Marietti, 1949. Vol. 2 Quaestio XII, in corp., pp. 622 y ss.

Santo Tomás acepta la división y la justicia, en el bien entendido de que solo vale para la criatura racional. En efecto, los entes irracionales se mueven hacia lo que directamente satisface su apetito natural. No hay elección ni riesgo de una mala elección.

Otro es el vínculo de la criatura racional a "su mundo": "por eso es que el Filósofo, en el libro III *De anima* supone una suerte de círculo en los actos de alma, según el cual la cosa que está fuera del alma mueve al entendimiento; y la cosa entendida, al apetito; y éste, a su vez, conduce a la cosa por la que empezó el movimiento"[23]. Y puesto que en el hecho de moverse hacia esto o aquello –en el hecho de acoger– hay una elección, el mal que se hace es con el asentimiento de la voluntad (*secundum voluntatem*); sin embargo el castigo que se recibe es contra ella. Por eso, divide San Agustín el mal del hombre entre el mal que se hace (mal de culpa) y el mal que se sufre (mal de castigo). Y esta división es paralela a la división de lo bueno: de hecho, así como lo bueno designa cierta perfección, su opuesto, lo malo designa una privación. Y llamábamos "perfección" de una cosa, en primer lugar, a su forma porque es por la forma que una cosa llega a ser completamente lo que es (*perficit/perfectum*). Por ejemplo es por el alma racional, forma del cuerpo humano, que el hombre puede llegar a actuar plenamente como hombre. Sin embargo, también el hábito es, para el hombre, una suerte de forma, en cuanto en virtud de él llega, por ejemplo, a ser sabio, virtuoso, artista, etc. En definitiva, todo lo que hacemos conforme a nuestros principios internos lo hacemos para perfeccionar ese ser que somos por naturaleza o que llegamos a ser, en virtud de nuestros hábitos. Por eso dice Santo Tomás que todas las operaciones que ejecutamos y las cosas que usamos pueden reducirse a esa perfección primera: a lo que somos por naturaleza (forma) o por reiteración (hábito)[24]. En segundo lugar, perfección es la operación (acto) que fluye de lo que somos. Así, realizamos actos justos y nobles cuando poseemos el hábito de la virtud. Y tal como lo bueno se refiere ya sea a la perfección de la forma, del hábito, o a las operaciones que fluyen, así la privación y

---

[23] Santo Tomás (1978). *Acerca de la Verdad*. Ed. cit. Cuestión I, art. 2º in corp., p. 66.
[24] Reiteración significa literalmente rehacer el camino. Insistir en lo mismo para llegar a ser.

el defecto pueden referirse tanto al agente mismo como a las operaciones del agente. Mal del agente es, por ejemplo, ser lisiado, ser ignorante, pero también carecer de los medios necesarios para aprender, o de cualquier medio externo que sea útil a sus fines: males que sufre, que le ocurren. Y son males de la operación: salir a destiempo, no dar en el blanco, usar torpemente un instrumento, equivocarse.

Llevemos ahora esta distinción de lo malo a la esfera propia de los actos voluntarios. Es manifiesto que el acto defectuoso, desordenado, es propio de la culpa. Pertenece al mal que se hace.

Respecto de los males que se sufren: al mal hábito que se tiene; a las desgracias que "nos caen encima", según la opinión de la fe católica, estos no podrían ser sino castigos por un pecado precedente "nuestro"; es decir: de mis padres, de mis antepasados, de mi pueblo, en fin, del hombre específico que se continuaría en cada uno de nosotros y que, por ende, cada uno de nosotros es.

Por tanto, el juicio que dice que todo lo malo es consecuencia de una culpa no debe pensarse simplemente en términos individuales (a tal culpa tal castigo). Ni debiera entonces ser este juicio ocasión propicia para el enjuiciamiento mecánico y despiadado de la vida ajena. Precisamente, tal actitud es contraria a la experiencia religiosa, al mito de lo malo ya ahí[25]. Si el castigo –la pena[26]– llega a ser individual es porque, al mismo tiempo, se especificó; porque misteriosamente afecta a la sustancia del hombre histórico. Pero, por otra parte, cada individuo es sí mismo y la especie, no una mera víctima de sus antepasados; víctima de lo malo que cae sobre él. El individuo *reedita* lo malo. Esto es, pues, lo primero.

En segundo término, no debe pensarse la culpa como algo determinado (tal es la culpa original del hombre). Todo intento de fijar "una culpa" ha resultado insuficiente, dogmático, peligroso. Y, además, contradictorio: porque si los seres humanos fuésemos *originariamente* –desde la partida– orgullosos, por ejemplo, egoístas, si adoleciéramos de cualquier defecto determinado, tal defecto no podría ser imputado a las criaturas, sino al creador. Y seríamos inocentes.

---

[25] Ricoeur Paul (2011). *Finitud y Culpabilidad*. Madrid-Trotta. Recoje en su segunda parte el ensayo *Simbólica del Mal*, donde aborda el origen del mito religioso del mal.

[26] Curiosamente, pena significa tanto sufrimiento como castigo.

Acerca del Artículo 5°

I

La opinión que dice que el castigo tiene más condición propia (*ratio*) de lo malo que la culpa, recuerda a los sofistas, que replicaban a Sócrates que más vale hacer una injusticia que sufrirla[27]. Sin embargo, son muchas las objeciones que se exponen en la primera parte del artículo −y más de alguna de peso− para hacer patente el desequilibrio esencial que hay entre culpa y castigo (argumento 1°). Por ejemplo: que la culpa es una falla de la acción; el castigo, en cambio, daño para el agente, lo que ya es desproporcionado (argumento 2°); que el castigo separa del Bien supremo, lo que es responder con un mal infinito al mal limitado de la culpa (argumento 3°); con un mal eterno a un mal temporal (argumentos 15° a 18°); que el castigo separa del último fin (argumento 4°), lo que significa privación de todo bien, de todo sentido (argumento 5°), etc. Con mayor razón es desproporcionado e injusto si se considera que nadie quiere lo malo sino por accidente; que aquel que obra mal, obra, por tanto, al margen de su voluntad (argumento 10°). Por último, en este mundo hay muchos más castigos que culpas (argumento 16°), pues toda culpa carga con su propio e íntimo castigo. En cambio, muchos son los castigos sin culpa[28].

II

Empieza Santo Tomás haciendo la aclaración de que el castigo (por privar de la gracia y de la gloria) parece ser tan malo o peor que la culpa, en cuanto a sus consecuencias; pero, considerando las cosas desde una perspectiva moral, la culpa es siempre y absolutamente más mala. Al menos por estas tres razones.

Afirma que tiene más realidad todo aquello capaz de determinar a algo a ser tal o cual cosa y a transmitirle su nombre, que aquello incapaz de hacerlo. Por ejemplo, un maestro, si es capaz de enseñar a alguien que a

---

[27] Platón (1988) *Diálogos IV. República*. Libro I. Madrid-Gredos.

[28] Sobre este tema, *Il mito della pena*, Roma, 1967, con escritos de E. Castelli, Paul Ricoeur, Karl Kerenyi, etc.

causa de esta enseñanza también será llamado "maestro", será más maestro que aquel que está aprendiendo, incapaz todavía de hacer un discípulo. Ahora, no se llama a alguien malo por el castigo que recibe sino, como dice Pseudo Dionisio, por el mal que hace. Y "el castigo honra al criminal, como un ser racional", según el pensamiento de Hegel[29]. Se llama a alguien malo por un acto; no por una predisposición, no por un hábito, no por un deseo, sino por el acto que lleva a la realidad el deseo, el hábito, la disposición.

Recordando a Kant: lo único malo es la mala voluntad.

Ahora bien, en todos los entes —y, se comprende, en los seres humanos— hay un acto primero (o perfección primera) que es la forma o el hábito por los que somos un tal ser determinado y somos reconocidos como tales: un ser racional (la forma del hombre); un escritor (un hábito). Hay, además, un acto segundo, que es la operación propia que se deriva del acto primero y lo expresa: actuar racionalmente en la vida conforme a nuestra naturaleza de hombres; escribir ensayos, novelas, como escritor.

Habrá que considerar que en el acto primero queda algo todavía del poder ser, de la mera virtualidad, pues saber escribir, por ejemplo, no significa que se ejerza actualmente ese hábito. Se es plenamente escritor, en cambio, cuando se está escribiendo. Ahora, "bueno" y "malo" se aplican primero y propiamente, no respecto del acto primero (por ejemplo, del hecho de ser un escritor) sino respecto del acto segundo: por ejemplo, del acto mismo de haber escrito algo. Y si con justicia podría decirse que tal obra es mala, sería injusto decir que la persona es un mal escritor por una mera disposición que le conocemos, antes de que escriba. Es evidente, sin embargo, que en los seres que poseen voluntad cualquier potencia a ser y cualquier hábito pueden traducirse en un acto moralmente bueno o, por el contrario, el acto bueno puede ser postergado, reprimido, alterado, a causa de otra cosa que se presenta como apetecible (inmediatamente apetecible o útil).

Y un hombre se llamará bueno no por el hábito o por el hecho esencial de ser hombre; será bueno en virtud de su buena voluntad, que es una operación que en cada acto debe refrendarse como buena.

---

[29]   Hegel G.W. Friedrich (1999). *Principios de la Filosofía del Derecho*. Barcelona-Edhasa.

La segunda razón es que siendo Dios la bondad misma, quien está más cerca de Dios será más bueno. Ahora, quien es culpable, de lo que sea, actúa privado de amor de caridad (el amor que quiere el bien de lo Otro). Y esta falta de amor es lo más contrario que puede haber respecto del Bien: lo más alejado de Dios.

La tercera razón es que el mal de castigo es solo un mal relativo (*secundum quid*) en cuanto Dios lo ha establecido para evitar el otro.

Bibliografía

AGUSTÍN DE HIPPONA (1955). *Obras Completas de San Agustín XIII. Tratados sobre el Evangelio de San Juan* (1-35). Madrid-BAC.

——————————— (1956). *Obras Completas de San Agustín IV. Obras Apologéticas.* Madrid-BAC.

——————————— (1958). *Obras Completas de San Agustín XVI. La Ciudad de Dios.* Madrid-BAC.

——————————— (1962). *Obras Completas de San Agustín III. Obras Filosóficas.* Madrid-BAC.

——————————— (1965). *Obras Completas de San Agustín XX. Enarraciones sobre los Salmos* (2ª). Madrid-BAC.

——————————— (1979). *Obras Completas de San Agustín II. Las Confesiones.* Madrid-BAC.

——————————— (1995). *Obras Completas de San Agustín XL. Diversas Cuestiones.* Madrid-BAC.

ARCHIVIO di Filosofia (1967). *Il Mito della Pena.* Roma-Società Filosofica Italiana.

ARISTÓTELES (1883). *Aristotelis Opera Omnia. Græce et latine cum indice nominum et rerum absolutissimo. Volumen Secundum continerns Ethicam, Naturales Auscultationes, De Cœlo, De Generationes et Metaphysicam.* Edd. Johann Friedrich Dübner, Ulco Cats Bussemaker, Emile Heitz. París-Didot.

——————————— (1982). *Metafísica.* Madrid-Gredos.

——————————— (1982). *Tratados de Lógica (Órganon) I. Categorías – Tópicos – Sobre las refutaciones Sofísticas.* Madrid-Gredos

——————————— (1987). *Acerca de la Generación y la Corrupción.* Madrid-Gredos.

——————————— (1988). *Tratados de Lógica (Órganon) II. Sobre la Interpretación – Analíticos Primeros – Analíticos Segundos.* Madrid-Gredos.

——————————— (1990). *Physica. Translatio Vetus [Iacobus Veneticus],* edd. F. Bossier et J. Brams; Translatio Vaticana, ed. A. Mansion, E.J. Brill, Leiden-New York 1990, 2 vols.

——————————— (1995). *Física.* Madrid-Gredos.

——————————— (1996). Acerca del Cielo-Meteorológicos. Acerca del Cielo. Madrid-Gredos.

——————————— (1998). *Ética Nicomáquea. Ética Eudemia.* Madrid-Gredos.

——————————— (2003). *Acerca del Alma.* Madrid-Gredos.

ARISTÓTELES (2016). *Las Categorías*. Santiago-Universitaria.

BIBLIA SACRA IUXTA VULGATAM CLEMENTINAM. 2005. Londres.

BOECIO (s/f). *Consolación de la Filosofía*. Trad. de Pablo Masa. Madrid-Ediciones Perdidas.

DU CANGE, *et al.*, *Glossarium mediæ et infimæ latinitatis.* Niort: L. Favre, 1883-1887. http://ducange.enc.sorbonne.fr/

FRIEDRICH HEGEL (1999). *Principios de la Filosofía del Derecho.* Barcelona-Edhasa.

GLOSES ET COMMENTAIRES DE LA BIBLE LATINE AU MOYEN ÂGE. Dir. Martin Morard, CNRS. Glossa Ordinaria, Johannis Evangelium 1,3. http://gloss-e.irht. cnrs.fr/php/editions_chapitre.php?livre=../sources/editions/GLOSS-liber58. xml&chapitre=58_1 (Con acceso, 30-01-2017).

HUMBERTO GIANNINI (1976). "El Demonio del mediodía". En *Revista Teoría,* N° 5.

JUAN DAMASCENO (1864). *Johanes Damascenus Opera Omnia Quæ Exstant.* Patrologia Græca XCIV. Paris-Migne.

PAUL RICOEUR (2011). *Finitud y Culpabilidad.* Madrid-Trotta

PIERRE MANDONNET, OP (1918). "Chronologie des questiones disputées de Saint Thomas d´Aquin". En: *Revue Thomiste XXIII.*

PLATÓN (1988). *Diálogos IV. República.* Libro I. Madrid-Gredos.

PSEUDO DIONISIO AREOPAGITA (1857). *S. Dionysii Areopagitæ Opera Omnia Quæ Exstant.* Patrologia Græca III. Paris-Migne.

_______________ (2007). *Obras Completas.* Madrid-BAC.

SAN FULGENCIO (1847). *Sancti Fulgentii Episcopi Ruspensis, Felicis IV et Bonifacii II Sumorum Pontificum, Sanctorum Eleutherii et Remigii Tornacensis et Rhemensisque Episcoporum, necnon Prosperi ex Manichæo Conversi et Montani Episcopi Toletani Opera Omnia.* Patrologia Latina LXV. Paris-Migne.

SAN GREGORIO MAGNO (1862). *Sancti Gregorii Papæ I, cognomento Magno. Opera Omnia. Tomus Primus.* Patrologia Latina LXXV. Paris-Migne.

_______________ (1878). *Sancti Gregorii Papæ I, cognomento Magno. Opera Omnia. Tomus secundus.* Patrologia Latina LXXVI. Paris-Migne.

SANTO TOMÁS (1884). *Sancti Thomae Aquinitatis. Opera Omnia Iussu Impensaque Leonis XIII. Tomus Secundus* Comentaria in octo libros Phisicorum Aristotelis. Roma-Ex Tipographia Plyglota.

_______________ (1949). *S. Thomae Aquinatis Doctoris Angelici Quaestiones Disputatae.* 2 vols. Turín-Marietti.

_______________ (1982). *Sancti Thomae de Aquino Opera Omnia Iussu Leonis XIII P.M. Edita. Tomus XXIII.* Quaestiones Disputatae De Malo. Roma-Comisio Leonina / Paris-Vrin.

_______________ (1989). *Suma de Teología II.* Parte I-II Madrid-BAC.

_______________ (1990). *Suma de Teología III.* Parte II-II (a). Madrid-BAC.

SANTO TOMÁS (1994). *Cuestiones Disputadas Acerca de Lo Malo.* Ed. Humberto Giannini y María Isabel Flisfisch. Santiago-Universitaria.

_______________ (1994). *Suma de Teología IV.* Parte II-II (b). Madrid-BAC.

_______________ (1994). *Suma de Teología V.* Parte III. Madrid-BAC.

_______________ (1996). *De Veritate.* Ed. De Humberto Giannini y Oscar Velásquez. Santiago-Universitaria.

_______________ (1997). *Cuestiones Disputadas sobre El Mal.* Navarra-EUNSA. Presentación, traducción y notas de Ezequiel Téllez. Segunda edición 2007.

_______________ (2001). *Cuestiones Disputadas de los Pecados.* Ed. Humberto Giannini y María Isabel Flisfisch. Madrid-CSIC.

_______________ (2001). *De Potentia Dei. Cuestiones 1 y 2.* Cuadernos del Anuario Filosófico N° 124. Pamplona.

_______________ (2001). *Suma de Teología I.* Parte I. Madrid-BAC.

_______________ (2003). *Thomas Aquinas. On Evil.* New York-Oxford University Press. Traducción de Richard Regan. Edición, introducción y notas de Brian Davies.

_______________ (2007). *Suma contra Gentiles I.* Madrid-BAC.

_______________ (2007). *Suma contra Gentiles II.* Madrid-BAC.

_______________ (2008). *Compendio de Teología.* Madrid-BAC.

SIMPLICIO (1907). *Simplicii in Aristotelis Categorias comentarium.* Carolus Kalbfleisch ed. Typis et Impensis Georgii Reimeri-Berolini.

265

Biblioteca Apostólica Vaticana. Manuscrito Vat. Lat. 787, Parte 2. *Incipiunt tituli super quaestiones de malo editas a fratre thoma de aquino ordinis predicatoris.* F265r.

QUAESTIO EST
DE MALO

Et primo quæritur utrum malum sit aliquid.

Secundo utrum malum sit in bono.

Tertio utrum bonum sit causa mali.

Quarto utrum malum convenienter dividatur per culpam et poenam.

Quinto quid plus habeat de ratione mali, utrum culpa, an poena.

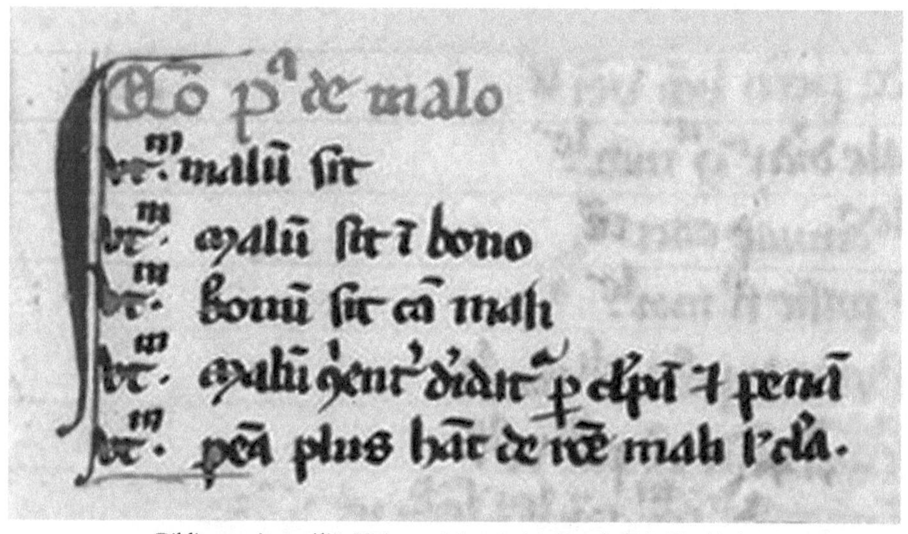

Biblioteca Apostólica Vaticana. Manuscrito Borgh.113. F1r (det).

ART. 1

Et *primo* quaeritur AN MALUM SIT ALIQUID. ET VIDETUR QUOD SIC.

Omne enim creatum aliquid est. Sed malum est aliquid creatum, secundum illud *Is.*, c. LXV, 7: *Ego Dominus faciens pacem et creans malum*. Ergo malum est aliquid.

Praeterea, utrumque contrariorum est aliquid in natura, quia contraria sunt in eodem genere posita. Sed malum est contrarium bono, secundum illud *Eccli.* XXXIII, 15: *contra bonum malum*. Ergo malum est aliquid.

Primero, se pregunta SI LO MALO ES ALGO[1]. Y PARECE QUE ASÍ ES.

1. En efecto, todo lo creado es algo. Pero lo malo es algo creado, según *Is* LXV, 7, "Yo, señor que hago la paz y que creo lo malo". Luego, lo malo es algo[2].

2. Además, cada uno de los contrarios es algo en la naturaleza, ya que los contrarios están puestos en un mismo género. Pero lo malo es contrario a lo bueno, según *Eclo* XXXIII, 14, "Contra lo bueno, lo malo". Luego, lo malo es algo[3].

---

[1] Texto paralelo en: *Suma de Teología*. I, Cuestión. 48. art. 1; *Suma Contra Gentiles*, Libro III, cap. 7; *Compendio de Teología*, cap. 115; y en *Scriptum super libros Sententiarum magistri Petri Lombardi episcopi Parisiensis liber II*, Disc. 34, art. 1 y 2.

    Metodológicamente, en la tradición aristotelicotomista, la primera pregunta filosófica es la pregunta por la existencia del "objeto" que se investiga: *an sit*. O, por ejemplo, a propósito de lo malo, "se pregunta si lo malo es alguna naturaleza" (Santo Tomás (2001), *Suma de Teología I*, C. 48, a. 1. Madrid-BAC). O, a propósito del tiempo, lo primero sería "si el tiempo es algo" (Aristóteles (1995) Física. Libro IV. Madrid-Gredos). Resuelto negativamente este problema de la existencia se disuelve con esto la existencia del problema. Resuelto positivamente se pasa, entonces, a la segunda cuestión: *quid est*: *qué es* aquello que se investiga: qué es el tiempo, qué es lo malo.

[2] Is. 45:(6)7, ego Dominus et non est alter: *formans lucem et creans tenebras, faciens pacem et creans malum: ego Dominus faciens omnia hæc:* Yo soy el Señor, y no existe otro; [Soy] el que forma la luz y crea las tinieblas, el que hace la paz y crea lo malo; Yo soy el Señor, que hace todas estas cosas. *Biblia Sacra iuxta Vulgatam Clementinam*. p. 894. Londres, 2005.

[3] Eclo. 33:15: *Contra malum bonum est, et contra mortem vita: sic et contra virum justum peccator, et sic intuere in omnia opera Altissimi, duo et duo, et unum contra unum:* "Contra lo malo existe lo bueno, y contra la muerte, la vida, así también contra el varón justo, el pecador, y así considera todas las obras del Altísimo, de dos en dos y una frente a la otra. *Biblia Sacra iuxta Vulgatam Clementinam*, p. 800. Londres, 2005.

Sed dicendum, quod malum in abstracto acceptum non est contrarium, sed privatio; sed aliquod malum in concreto acceptum est contrarium et est aliquid. —*Sed contra*, nihil est contrarium alteri secundum id in quo cum eo convenit; nigrum enim non contrariatur albo secundum quod est color. Sed secundum id quod substernitur ipsi malo, convenit malum cum bono. Ergo secundum illud, malum non contrariatur bono, sed secundum hoc ipsum quod est malum; malum ergo, in quantum est malum, est aliquid.

Praeterea, oppositio formae et privationis invenitur etiam in rebus naturalibus. Sed non dicitur quod in rebus naturalibus malum contrarietur bono, sed solum in moralibus: quia malum et bonum, secundum quod sunt contraria, continent sub se virtutem et vitium. Ergo contrarietas mali et boni non intelligitur secundum oppositionem privationis et habitus.

Praeterea, Dionysius [*De divin. Nomin.*, cap. IV] et Damascenus [*De*

3   *Pero hay que decir* que lo malo tomado en abstracto no es contrario, sino privación; pero, algo malo tomado en concreto es contrario y es algo[4]. *Pero contrariamente*, nada es contrario a otro en lo que conviene con él[5]; en efecto, lo negro en cuanto es un color, no se contraría con lo blanco. Pero lo malo conviene con lo bueno en aquello que subyace a lo malo mismo. Luego, según ello, lo malo no se contraría con lo bueno sino por el hecho mismo de que es malo; luego, lo malo, en cuanto malo, es algo.

4   Además, la oposición de forma y privación se encuentra también en las cosas naturales. Pero no se dice que en las cosas naturales lo malo se contraríe con lo bueno, sino solo en las cosas morales: puesto que malo y bueno, según que son contrarios, contienen bajo sí virtud y vicio. Luego, la contrariedad de lo malo y lo bueno no se entiende según la oposición de privación y hábito.

5   Además, Pseudo Dionisio[6] y Damasceno[7] dicen que lo malo es

---

[4]   El argumento quedaría más claro invirtiendo el orden de las proposiciones: "Pero, habría que decir que algo malo tomado en concreto es contrario y es algo; mas, tomado abstractamente no es contrario sino privación".

[5]   Simplificando el argumento: "Nada es contrario a otra cosa en lo que conviene a ella". Y se concluiría que "ya que lo malo conviene con lo bueno en lo que subyace a lo malo –el ente que es malo, la cualidad que es mala, etc. –, no se contraría en ninguna otra cosa sino en el hecho de ser malo. Así, lo malo tomado en sí mismo es contrario a lo bueno".

[6]   Pseudo Dionisio Areopagita (2007). *Obras Completas. Los Nombres de Dios*. cap. IV, 32, pp. 56-57. Madrid-BAC.

[7]   Juan Damasceno (1864). *Johanes Damascenus Opera Omnia Quæ Exstant. De fide Orthodoxa*, II, 4, 876. Patrologia Græca XCIV. Paris-Migne.

fide Orth., lib. II, cap. IV] dicunt quod malum est sicut tenebra. Tenebra autem contrariatur lumini, ut dicitur II *De anima*. Ergo et malum contrariatur bono, et non solum est eius privatio.

como las tinieblas. Y las tinieblas se contrarían con la luz, como se dice en el libro II de *Acerca del Alma*[8]. Luego, también lo malo se contraría con lo bueno, y no solo es su privación.

Praeterea, Augustinus dicit [libro *LXXXIII Quaest..* quaest, 21], illud quod semel est, nunquam totaliter cedit in non esse. Si ergo aër illuminatur a sole, illud lumen creatum in aëre non totaliter desinit esse; nec potest dici quod recolligatur in suo principio. Ergo remanet in subiecto aliquid eius, quod est sicut dispositio imperfecta; et hoc vocatur tenebra. Ergo tenebra est aliquid contrarium lumini, et non privatio sola. Et eadem ratio est de malo et bono. Ergo malum non est sola privatio boni, sed contrarium.

6 Además, Agustín dice que aquello que es una vez, nunca recae totalmente en el no ser[9]. Luego, si el aire es iluminado por el sol, esa luz creada en el aire no dejará totalmente de ser; ni puede decirse que se recoja en su principio. Luego, en el sujeto permanece algo de ella que es como una disposición imperfecta; y esto se llama tinieblas. Luego, las tinieblas son algo contrario a la luz, y no solo privación de ella. Y la misma relación hay respecto de lo malo y lo bueno. Luego, lo malo no es solo privación de lo bueno, sino lo contrario.

Praeterea, inter privationem et habitum non est medium in susceptibili. Sed inter bonum et malum est aliquid medium, nec omnia sunt bona et mala, ut dicitur in *Praedicamentis* [in *post praedicam.*, cap. *de oppositis*]. Ergo bonum et malum non opponuntur ut privative opposita, sed ut contraria, inter quae potest esse medium: et sic malum aliquid est.

7 Además, entre privación y hábito no hay medio que sea capaz de recibirlos. Pero entre lo bueno y lo malo hay algo medio, y no todas las cosas son buenas y malas, como se dice en *Las Categorías*[10]. Luego, bueno y malo no se oponen como privativamente opuestos, sino como contrarios entre los cuales puede haber medio: y así lo malo es algo.

[8]   Aristóteles (2003). *Acerca del Alma*. 418b 18, p. 69. Madrid-Gredos.
[9]   Agustín de Hippona (1995). Obras Completas de San Agustín XL. *Diversas Cuestiones* Cuestión 21, pp. 81-82. Madrid-BAC.
[10]   Aristóteles (2016). *Las Categorías*. 12a, 10-20, p. 95. Santiago-Universitaria.

Praeterea, omne quod corrumpit, agit. Sed malum, in quantum malum, corrumpit, ut Dionysius dicit IV cap. *De divin. Nomin.* Ergo malum, in quantum malum, agit. Sed nihil agit nisi in quantum est aliquid. Ergo malum, in quantum malum, est aliquid.

Sed dicendum, quod corrumpere non est agere, sed defectus actionis. —*Sed contra*, corruptio est motus vel mutatio. Ergo corrumpere est movere. Sed movere est agere. Ergo corrumpere est agere.

Praeterea, invenitur corruptio naturalis sicut et generatio, ut dicit Philosophus V *Physic.* [comm. 7]. Sed in omni motu naturali est aliquid per se intentum a natura moventis; ergo in corruptione est aliquid per se intentum a natura corrumpentis. Corrumpere autem est proprium mali, ut Dionysius dicit [capit. IV *De divin. Nomin.*, part. 4]. Ergo malum habet aliquam naturam intendentem aliquem finem.

Praeterea, quod non est aliquid, non potest esse genus, quia non entis non sunt species, ut dicit Philosophus IV *Physic* [comment.

8 Además, todo lo que corrompe actúa. Pero lo malo, en cuanto malo, corrompe, como dice Pseudo Dionisio en *Los Nombres de Dios,* cap. IV[11]. Luego, lo malo, en cuanto malo, actúa. Pero nada actúa a no ser en cuanto es algo. Luego, lo malo, en cuanto malo, es algo.

9 *Pero hay que decir* que corromper no es actuar, sino un defecto de la acción. *Pero contrariamente*, la corrupción es movimiento o cambio. Luego, corromper es mover. Y mover es actuar. Luego, corromper es actuar.

10 Además, la corrupción natural se da al igual que la generación, como dice el Filósofo en el libro V de la *Física*[12]. Pero en todo movimiento natural hay algo a lo que ha apuntado por sí la naturaleza de lo que se mueve; luego, en la corrupción hay algo a lo que ha apuntado por sí la naturaleza de lo que se corrompe. Pero corromper es propio de lo malo, como dice Pseudo Dionisio[13]. Luego, lo malo tiene alguna naturaleza que apunta a algún fin.

11 Además, lo que no es algo no puede ser género, porque del no ente no hay especies, como dice el Filósofo en el libro IV de la *Física*[14].

---

[11]   Pseudo Dionisio Areopagita (2007). *Obras Completas.* Loc. cit. Cap. IV, 20, pp. 46-49.

[12]   Aristóteles (1995). *Física.* Libro V. 225a 15-20.

[13]   Pseudo Dionisio Areopagita (2007). *Ibídem.*

[14]   La edición Marietti cita un libro IV de la *Physica* que pareciera no coincidir con lo que quiere referir Santo Tomás: Phys, 215 a 10 (Coment. Sto. Tomás: 363 (67)). En cambio, creemos que esta referencia apunta a *Tópicos*, libro IV, 128b, 9. Aristóteles (1982). *Tratados de Lógica (Órganon) I.* Madrid-Gredos.

67]. Sed malum est genus: dicitur enim in *Praedicamentis* [in cap. *de Oppositis*], quod bonum et malum non sunt in genere, sed sunt genera aliorum. Ergo malum est aliquid.

Praeterea, quod non est aliquid, non potest esse differentia constitutiva alicuius: quia omnis differentia est unum et ens, ut dicitur in III *Metaphys.* [comm. 10]. Sed bonum et malum sunt differentiae constitutivae virtutis et vitii. Ergo malum est aliquid.

Praeterea, illud quod non est aliquid non potest intendi et remitti. Sed malum intenditur et remittitur: maius enim malum est homicidium quam adulterium. Nec potest dici quod dicatur maius malum in quantum corrumpit plus de bono, quia corruptio boni est effectus mali; causa autem non intenditur et remittitur propter effectum, sed e converso. Ergo malum est aliquid.

Praeterea, omne quod habet esse per positionem in loco, est aliquid. Sed malum est huiusmodi: dicit enim Augustinus [*Ench.*, capit. IX], quod malum suo loco positum eminentius commendat bonum. Nec potest dici hoc esse intelligendum de malo ex parte boni in

Pero lo malo es un género: en efecto, se dice en *Las Categorías* que lo bueno y lo malo no son en un género, sino que son géneros de otras cosas[15]. Luego, lo malo es algo.

12 Además, lo que no es algo no puede ser diferencia constitutiva de algo; porque toda diferencia es uno y ente, como se dice en el libro III de la *Metafísica*[16]. Pero lo bueno y lo malo son diferencias constitutivas de virtud y vicio. Luego, lo malo es algo.

13 Además, aquello que no es algo no puede ser aumentado ni disminuido. Pero lo malo se aumenta y se disminuye. En efecto, mayor mal es el homicidio que el adulterio. Y no puede decirse que se diga mayor mal en cuanto corrompe más lo bueno, porque la corrupción de lo bueno es efecto de lo malo; sin embargo, la causa no se aumenta ni se disminuye por el efecto, sino a la inversa. Luego, lo malo es algo.

14 Además, todo lo que tiene ser por posición en un lugar es algo. Pero lo malo es de este modo: dice en efecto Agustín que lo malo puesto en su lugar destaca de una manera más eminente lo bueno[17]. Y no puede decirse que esto debe entenderse respecto de lo malo por

[15] Aristóteles (2016). *Las Categorías*. 14a, 24. p. 107.
[16] Aristóteles (1982). *Metafísica*. Libro III, 998b, 26. p. 121. Madrid-Gredos.
[17] Agustín de Hippona (1956). *Obras Completas de San Agustín IV. Obras Apologéticas. Enquiridión*. Cap. XI, pp. 475-477. Madrid-BAC.

quo est: quia malum commendat bonum secundum oppositionem quam habet ad ipsum, secundum quod opposita iuxta se posita magis elucescunt. Ergo malum, in quantum est malum, est aliquid.

Praeterea, Philosophus in V *Phys.* [comment. 7], dicit, quod omnis mutatio est ex subiecto in subiectum, vel ex subiecto in non subiectum, vel ex non subiecto in subiectum; et nominat subiectum quod affirmatione monstratur. Cum autem aliquis mutatur de bono in malum, non mutatur de subiecto in non subiectum, neque de non subiecto in subiectum; quia hae mutationes sunt generatio et corruptio. Ergo mutatur de subiecto in subiectum; et ita videtur quod malum sit aliquid affirmative existens.

Praeterea, Philosophus dicit in I *De Gener.* [com. 21], quod corruptio unius est generatio alterius. Sed malum, in quantum malum, est corruptivum, secundum Dionysium IV cap. *De divin. Nomin.* Ergo malum, in quantum malum, est generativum alicuius et ita oportet quod sit aliquid; quia omne quod generatur, generatur ex aliquo.

15 Además, el Filósofo en el libro V de la *Física*[18] dice que todo cambio es de un sujeto a un sujeto, o bien de un sujeto a un no sujeto, o bien de un no sujeto a un sujeto, y denomina sujeto a lo que se designa por una afirmación[19]. Pero cuando alguien se cambia de bueno a malo no se cambia de sujeto a no sujeto, ni de no sujeto a sujeto; porque estos cambios son generación y corrupción. Luego, se cambia de sujeto a sujeto; y así aparece evidente que lo malo es algo que existe afirmativamente.

16 Además, el Filósofo dice en el libro I de *Acerca de la Generación y la Corrupción* que la corrupción de lo uno es generación de lo otro[20]. Pero lo malo, en cuanto malo, es corruptivo, según Pseudo Dionisio en el cap. IV de *Los Nombres de Dios*[21]. Luego, lo malo, en cuanto malo, es generativo de algo, y así es preciso que sea algo; puesto que todo lo que se genera se genera de algo.

---

[18]   Aristóteles (1995). *Física.* 225a, 1-20.
[19]   *Id est.,* aquello de lo que se habla en una proposición afirmativa.
[20]   Aristóteles (1987). *Acerca de la Generación y la Corrupción.* Lib. I, 418b, 20-25. Madrid-Gredos.
[21]   Pseudo Dionisio Areopagita (2007). *Obras Completas. Ibídem.*

Praeterea, bonum habet rationem appetibilis, quia bonum est quod omnia appetunt, ut dicitur in I *Ethic.*, et eadem ratione malum habet rationem fugibilis. Sed contingit quod aliquid negative significatum appetitur naturaliter, et aliquid affirmative significatum naturaliter fugitur, sicut ovis naturaliter fugit praesentiam lupi, et appetit eius absentiam. Ergo non magis bonum est aliquid quam malum.

Praeterea, poena, in quantum poena, est iusta; et quod iustum est, bonum est. Ergo poena, in quantum poena, est aliquid bonum. Sed poena, in quantum poena, est aliquid malum: dividitur enim malum per poenam et culpam. Ergo aliquod malum, in quantum huiusmodi, est bonum. Sed omne bonum est aliquid. Ergo malum, in quantum est malum, est aliquid.

Praeterea, si bonitas non esset aliquid nihil esset bonum. Ergo similiter si malitia non est aliquid, nihil est malum. Sed constat multa mala esse. Ergo malitia aliquid est.

Sed dicendum, quod malum non est ens naturae aut moris, sed ens

17 Además, lo bueno tiene relación con lo apetecible, puesto que lo bueno es lo que todas las cosas apetecen, como se dice en el Libro I de la *Ética*[22], y por la misma razón lo malo tiene relación con lo *rehuible*[23]. Pero acontece que algo negativamente significado se apetece naturalmente y de algo afirmativamente significado se huye naturalmente, así como la oveja naturalmente huye de la presencia del lobo y apetece su ausencia. Luego, lo bueno no es más algo que lo malo.

18 Además, el castigo, en cuanto castigo, es justo, y lo que es justo, es bueno. Luego, el castigo, en cuanto castigo, es algo bueno, pero el castigo en cuanto castigo es algo malo: en efecto, lo malo se divide en castigo y culpa. Luego, algo malo, en cuanto tal, es bueno. Pero todo lo bueno es algo. Luego, lo malo, en cuanto es malo, es algo.

19 Además, si la bondad no fuese algo, nada sería bueno. Luego, similarmente si la maldad no es algo, nada es malo. Pero resulta que muchas cosas son malas. Luego, la maldad es algo.

20 *Pero hay que decir* que lo malo no es un ente de la naturaleza o de la

---

22   Aristóteles (1998). *Ética Nicomáquea. Ética Eudemia. Ética Nicomáquea*, Libro I. 1094a, 2-3, p. 131 Madrid Gredos

23   *Fugibilis*. No poseemos en castellano una palabra apropiada.

rationis. *Sed contra* est quod Philosophus dicit in VII *Metaph.* [com. 8], quod bonum et malum sunt in rebus, sed verum et falsum sunt in intellectu. Ergo malum non est ens rationis tantum, sed est aliquid in rebus naturalibus.

costumbre, sino ente de razón. Pero contrario es lo que dice el Filósofo en el libro VI de la *Metafísica*[24], que lo bueno y lo malo son en las cosas, y lo verdadero y lo falso son en el entendimiento. Luego, lo malo no es solo un ente de razón, sino que es algo en las cosas naturales.

SED CONTRA. Est quod Augustinus dicit XI *de Civit. Dei* [cap. X], quod malum non est natura aliqua, sed defectus boni hoc nomen accepit.

1   PERO, POR EL CONTRARIO, es lo que dice Agustín en el libro XI *De la Ciudad de Dios*[25], que lo malo no es naturaleza alguna, sino que ha recibido este nombre el defecto de lo bueno.

Praeterea, *Ioan.* I, 3, dicitur: *Omnia per ipsum facta sunt.* Sed malum non est factum per Verbum, ut Augustinus dicit. Ergo malum non est aliquid.

2   Además, en Jn 1, 3, se dice: "Todas las cosas por el [Verbo] mismo han sido hechas". Pero lo malo no ha sido hecho por el Verbo, como dice Agustín[26]. Luego, lo malo no es algo.

Praeterea, ibidem subditur: *sine ipso factum est nihil, id est peccatum; quia peccatum nihil est, et nihil fiunt homines cum peccant,* ut dicit Glossa [Agustini] ibidem; et eadem ratione quodlibet aliud malum nihil est. Ergo malum non est aliquid.

3   Además, allí mismo se añade: "Sin el [Verbo] mismo ha sido hecha la nada, esto es el pecado; porque el pecado es la nada, y los hombres se hacen nada cuando pecan"[27], como dice la *Glosa* allí mismo[28], y por igual razón cualquier otro mal nada es. Luego, lo malo no es algo.

---

[24]   Aristóteles (1982). *Metafísica*. Libro VI, 1027b, 25-26. pp. 317-318.

[25]   Agustín de Hippona (1958). *Obras Completas de San Agustín XVI. La Ciudad de Dios.* Libro XI, Cap. IX. pp. 728-731. Madrid-BAC.

[26]   Agustín de Hippona (1955). *Obras Completas de San Agustín XIII. Tratados sobre el Evangelio de San Juan (1-35).* Tratado I, acápite I. pp. 72-73. Madrid-BAC.

[27]   *Ibídem*, acápite 13.

[28]   *Gloses et commentaires de la Bible latine au Moyen Âge.* Dir. Martin Morard, CNRS. Glossa Ordinaria, Johannis Evangelium 1,3. http://gloss-e.irht.cnrs.fr/php/editions_chapitre.php?livre=../sources/editions/GLOSS-liber58.xml&chapitre=58_1 (Con acceso, 30-01-2017).

RESPONDEO. Dicendum quod sicut album, ita et malum dupliciter dicitur. Uno enim modo cum dicitur album, potest intelligi id quod est albedini subiectum; alio modo album dicitur id quod est album, in quantum est album, scilicet ipsum accidens. Et similiter malum uno modo potest intelligi id quod est subiectum mali, et hoc aliquid est: alio modo potest intelligi ipsum malum, et hoc non est aliquid, sed est ipsa privatio alicuius particularis boni. Ad cuius evidentiam sciendum est, quod bonum proprie est aliquid in quantum est appetibile, nam, secundum Philosophum in I Ethic., optime definierunt bonum dicentes, quod bonum est quod omnia appetunt; malum autem dicitur id quod opponitur bono. Unde oportet malum esse id quod opponitur appetibili in quantum huiusmodi.

Hoc autem impossibile est esse aliquid: quod triplici ratione apparet.

Primo quidem, quia appetibile habet rationem finis; ordo autem finium est sicut et ordo agentium. Quanto enim aliquod agens est superius et universalius, tanto et finis propter quem agit, est universalius bonum; nam omne agens agit

RESPONDO. Hay que decir que así como lo blanco, así también lo malo, se dice de dos modos. *De un modo,* cuando se dice blanco, puede entenderse, en efecto, aquello que es sujeto de la blancura; *de otro modo,* se dice blanco aquello que es blanco, en cuanto es el blanco, a saber el accidente mismo. Y similarmente lo malo puede entenderse, de un modo, como aquello que es sujeto de lo malo, y esto es algo; de otro modo, puede entenderse como lo malo mismo, y esto no es algo, sino que es la privación misma de un cierto bien particular. Para cuya evidencia hay que saber que algo es propiamente bueno en cuanto es apetecible, pues, según el Filósofo en el libro I de la *Ética*[29], definieron óptimamente lo bueno los que dicen que lo bueno es lo que todas las cosas apetecen; en cambio, se dice malo aquello que se opone a lo bueno. De donde es preciso que lo malo sea aquello que se opone a lo apetecible en cuanto tal.

Sin embargo, es imposible que esto sea algo: lo que se evidencia por una triple razón.

Primero, porque lo apetecible tiene razón de fin; y el orden de los fines es así como también es el orden de los agentes. En efecto, cuanto superior y más universal es algún agente, tanto más universalmente bueno es también el fin por el que

---

[29] Aristóteles (1998). *Ética Nicomáquea. Ética Eudemia. Ética Nicomáquea,* Libro I. *Loc. cit.*

propter finem, et propter aliquod bonum; et hoc manifeste apparet in rebus humanis. Nam rector civitatis intendit bonum aliquod particulare, quod est civitatis bonum. Rex autem qui est illo superior, intendit bonum universale, scilicet totius regni pacem. Cum ergo in causis agentibus non sit procedere in infinitum, sed oporteat devenire ad unum primum, quod est universalis causa essendi, oportet quod etiam sit aliquod universale bonum in quod omnia bona reducantur; et hoc non potest esse aliud quam hoc ipsum quod est primum et universale agens; quia cum appetibile moveat appetitum, primum autem movens oporteat esse non motum, necesse est primum et universale appetibile esse primum et universale bonum, quod omnia operatur propter appetitum sui ipsius. Sicut ergo quidquid est in rebus oportet quod proveniat a prima et universali causa essendi, ita quidquid est in rebus oportet quod proveniat a primo et universali bono. Quod autem provenit a primo et universali bono, non potest esse nisi bonum particulare tantum; sicut quod provenit a prima et universali causa essendi, est aliquod particulare ens. Omne ergo quod est aliquid in rebus, oportet quod sit aliquod particulare bonum; unde non potest secundum id quod est, bono opponi. Unde relinquitur quod malum, secundum quod est malum, non est aliquid in rebus,

actúa; pues todo agente actúa por un fin, y por algo bueno; y esto manifiestamente aparece en los asuntos humanos. Pues el gobernante de la ciudad tiende a algo bueno particular, que es el bien de la ciudad. Empero el rey, que es superior a aquel, tiende a lo bueno universal, esto es, a la paz de todo reino. Luego, puesto que no está en las causas agentes el avanzar al infinito, sino que es preciso devenir a lo uno primero, que es causa universal de ser, es preciso que también haya un algo universal bueno hacia lo cual todas las cosas buenas se vuelvan; y ello no puede ser otra cosa que lo mismo que es agente primero y universal; por eso, porque lo apetecible mueve al apetito, y es preciso que lo que mueve primero no haya sido movido, es necesario que lo apetecible primero y universal sea lo bueno primero y universal, que obra sobre todas las cosas a causa del apetito de sí mismo. Luego, así como todo lo que es en la realidad es preciso que provenga de la causa primera y universal de ser, así todo lo que es en la realidad es preciso que provenga de lo bueno primero y universal. Pero, lo que proviene de lo bueno primero y universal no puede ser sino solo lo bueno particular; así como lo que proviene de la causa primera y universal de ser, es algún ente particular. Luego, todo lo que es algo en la realidad es preciso que sea algo bueno particular; de donde, en la medida

sed est alicuius particularis boni privatio, alicui particulari bono inhaerens.

Secundo hoc idem apparet, quia quidquid est in rebus, habet aliquam inclinationem, et appetitum alicuius sibi convenientis. Quod autem habet rationem appetibilis, habet rationem boni. Quidquid ergo est in rebus habet convenientiam cum aliquo bono. Malum autem, in quantum huiusmodi, non convenit cum bono, sed opponitur ei. Malum ergo non est aliquid in rebus. Sed si malum esset aliqua res, nihil appeteret, nec ab aliquo appeteretur; et per consequens non haberet aliquam actionem nec aliquem motum, quia nihil agit vel movetur nisi propter appetitum finis.

Tertio idem apparet ex hoc quod ipsum esse maxime habet rationem appetibilis; unde videmus quod unumquodque naturaliter appetit conservare suum esse, et refugit destructiva sui esse, et eis pro posse resistit. Sic ergo ipsum esse, in quantum est appetibile, est bonum. Oportet ergo quod malum, quod universaliter opponitur bono, opponatur etiam ei quod est esse. Quod autem est oppositum ei

en que es, no puede oponerse a lo bueno. De donde resta que lo malo, en cuanto es malo, no es algo en la realidad, sino privación de algo bueno particular, inherente a algo bueno particular[30].

Segundo, esto mismo es claro, porque todo lo que es en la realidad tiene alguna inclinación y apetito de algo conveniente a sí. Y lo que tiene razón de lo apetecible, tiene razón de lo bueno. Luego, todo lo que es en la realidad tiene conveniencia con algo bueno. Pero lo malo, en cuanto tal, no conviene con lo bueno sino que se le opone. Luego, lo malo no es algo en la realidad. Y, si lo malo fuese alguna cosa, nada apetecería, ni por algo sería apetecido, y por consiguiente, no tendría alguna acción ni algún movimiento, puesto que nada actúa o es movido a no ser a causa de un apetito de fin.

Tercero, lo mismo es claro por el hecho de que el ser mismo tiene máximamente razón de lo apetecible; de donde vemos que cada cosa naturalmente apetece conservar su ser, y huye de las cosas destructivas de su ser, y resiste a ellas en proporción a su poder. Luego, de este modo el ser mismo, en cuanto es apetecible, es bueno. Luego, es preciso que lo malo, que universalmente se opone a lo bueno, se

---

[30] El primer agente –Dios– es causa de sí y fin en *sí mismo*. Y en relación con los entes: es causa del ser de los entes y del bien último al que se vuelve el apetito de todas las cosas.

quod est esse, non potest esse aliquid.

oponga también a aquello que es ser. Y lo que es opuesto a aquello que es ser, no puede ser algo.

Unde dico, quod id quod est malum, non est aliquid; sed id cui accidit esse malum, est aliquid, in quantum malum privat nonnisi aliquod particulare bonum; sicut et hoc ipsum quod est caecum esse, non est aliquid; sed id cui accidit caecum esse, est aliquid.

De donde digo que aquello que es malo no es algo, sino que es algo aquello a lo que le acaece ser malo, en cuanto lo malo priva solamente de algo bueno particular; así también el mismo hecho de ser ciego no es algo, sino que es algo aquello a lo que le acaece ser ciego.

AD PRIMUM ergo dicendum, quod aliquid dicitur esse malum dupliciter: uno quidem modo simpliciter, alio vero modo secundum quid. Illud autem dicitur simpliciter malum quod est secundum se malum. Hoc autem est quod privatur aliquo particulari bono quod est ex debito suae perfectionis, sicut aegritudo est malum animalis, quia privat aequalitatem humorum, quae requiritur ad perfectum esse animalis. Sed secundum quid dicitur esse malum quod non est malum secundum se, sed alicuius; quia scilicet non privatur aliquo bono quod sit de debito suae perfectionis, sed quod est de debito perfectionis alterius rei, sicut in igne est privatio formae aquae, quae non est de debito perfectionis ignis, sed de debito perfectionis aquae; unde ignis non est secundum se malus,

Luego, A LO PRIMERO hay que decir que algo se dice ser malo de dos modos: *de un modo,* absolutamente, y de *otro modo,* de manera relativa[31]. Y algo se dice absolutamente malo porque es malo según sí. Pero lo es porque está privado de algo bueno particular debido a su perfección, así como la enfermedad es lo malo del animal, porque priva de una igualdad de humores que se requiere para el ser perfecto del animal[32]. Y se dice ser malo de modo relativo, lo que no es malo según sí, sino respecto de algo[33]; es decir: no porque esté privado de algo bueno debido a su perfección, sino debido a la perfección de otra cosa, así como en el fuego hay privación de la forma del agua, la que no es debida a la perfección del fuego, sino debida a la perfección del agua; de donde

---

[31]   Se*cundum se y secundum quid.*

[32]   La privación se define justamente como carencia de algo debido a la perfección de la cosa; de algo que la cosa naturalmente debiera tener y no tiene.

[33]   De algo o de alguien.

sed est malus aquae. Similiter autem ordo iustitiae habet adiunctam privationem particularis boni alicuius peccantis, in quantum ordo iustitiae hoc requirit ut aliquis peccans privetur bono quod appetit. Sic ergo poena ipsa est bona simpliciter, sed est mala huic; et hoc malum dicitur Deus creare, pacem autem facere; quia ad poenam non cooperatur appetitus peccantis, ad pacem autem cooperatur appetitus pacem recipientis. Creare autem est aliquid facere nullo praesupposito. Et sic patet quod malum dicitur esse creatum, non in quantum est malum, sed in quantum est simpliciter bonum, et secundum quid malum.

AD SECUNDUM dicendum, quod bonum et malum proprie opponuntur ut privatio et habitus; quia, ut Simplicius dicit in *Commento Praedicamentorum* [in *praedicament. Qualitatis*], illa proprie dicuntur contraria quorum utrumque est aliquid secundum naturam, sicut calidum et frigidum, album et nigrum; sed alia quorum unum est secundum naturam et aliud recessus a natura, non opponuntur proprie ut contraria, sed ut privatio et habitus. Sed duplex est privatio: *una* quidem quae est in privatum

el fuego no es según sí malo, sino malo para el agua. Y similarmente el orden de la justicia conlleva la privación de lo bueno particular de alguien que peca, en cuanto el orden de la justicia requiere esto: que alguien que peca sea privado de lo bueno que apetece. Luego, así el castigo mismo es bueno absolutamente, pero es malo respecto de aquel; y se dice que Dios crea esto malo, y que sin embargo hace la paz; porque al castigo no coopera al apetito del que peca, sino que a la paz coopera el apetito del que recibe la paz. Y crear es hacer algo sin ningún presupuesto. Y así es evidente que lo malo se dice ser creado, no en cuanto es malo, sino en cuanto es absolutamente bueno; y de modo relativo, malo.

A LO SEGUNDO hay que decir que lo bueno y lo malo propiamente, se oponen como privación y hábito; porque, como dice Simplicio en el *Comentario a Las Categorías,* se dicen propiamente contrarias aquellas cosas de las cuales una y otra son algo según naturaleza, así como lo caliente y lo frío, lo blanco y lo negro[34]. Pero otras, de las cuales una es según naturaleza y la otra apartamiento de la naturaleza, no se oponen propiamente como contrarias, sino como privación y hábito. Pero de dos modos es

---

[34] Simplicio (1907). *In Aristotelis Categorias comentarium.* p. 417, 8 ss. Carolus Kalbfleisch ed. Typis et Impensis Georgii Reimeri-Berolini.

esse, ut mors et caecitas; *alia* vero quae est in privari, ut aegritudo, quae est via in mortem, et ophthalmia, quae est via in caecitatem: et huiusmodi privationes interdum dicuntur contrariae, in quantum adhuc retinent aliquid de eo quod privatur; et hoc modo malum dicitur contrarium, quia non privat totum bonum, sed aliquid de bono removet.

la privación: *uno*, que consiste en efecto, en haber sido privado, como la muerte y la ceguera; y *otro*, que consiste en estar siendo privado, como la enfermedad, que es la vía hacia la muerte, y la oftalmia, que es la vía hacia la ceguera; y de este modo las privaciones a veces se dicen contrarias, en cuanto todavía retienen algo de aquello de lo que se priva, y de este modo lo malo se dice contrario, porque no priva de todo lo bueno, sino que suprime algo de lo bueno.

AD TERTIUM dicendum, quod nisi nigrum aliquid retineret de natura coloris, non posset esse contrarium albo, quia contraria oportet esse in eodem genere. Licet ergo hoc in quo convenit album cum nigro non sufficiat ad rationem contrarietatis, tamen sine hoc contrarietas esse non potest; et similiter licet id in quo convenit malum cum bono non sufficiat ad rationem contrarietatis, tamen sine hoc contrarietas esse non potest.

A LO TERCERO hay que decir que si lo negro no retuviera algo de la naturaleza del color no podría ser contrario a lo blanco, porque es preciso que los contrarios sean en el mismo género. Luego, aunque aquello en lo cual lo blanco conviene con lo negro no baste a la razón de la contrariedad, sin embargo, sin esto la contrariedad no puede ser; y similarmente aunque aquello en lo cual lo malo conviene con lo bueno no baste a la razón de la contrariedad, sin embargo, sin esto la contrariedad no puede ser.

AD QUARTUM dicendum, quod ideo in moralibus magis quam in naturalibus malum contrarium bono dicitur, quia moralia ex voluntate dependent; voluntatis autem obiectum est bonum et malum. Omnis autem actus denominatur et speciem recipit ab obiecto. Sic ergo actus voluntatis, in quantum fertur in malum, recipit rationem

A LO CUARTO hay que decir que en las cosas morales, más que en las naturales, se dice que lo malo es contrario a lo bueno, por esto: porque las cosas morales dependen de la voluntad, y el objeto de la voluntad es lo bueno y lo malo. Pero todo acto toma su nombre y recibe la especie del objeto. Luego, así el acto de la voluntad, en cuanto

et nomen mali; et hoc malum contrariatur proprie bono; et haec contrarietas ex actibus in habitus transit in quantum actus et habitus similantur.

AD QUINTUM dicendum, quod tenebra non est contrarium lumini, sed privatio; sed Aristoteles frequenter utitur nomine contrarii pro privatione, quia ipse dicit, quod privatio quodammodo est contrarium, et quod prima contrarietas est privatio et forma.

AD SEXTUM dicendum, quod adveniente tenebra nihil remanet de lumine; sed remanet solum potentia ad lumen, quae non est aliquid tenebrae, sed subiectum eius. Sic enim antequam illuminaretur aër, erat solum in potentia ad lumen. Nec proprie loquendo lumen est aut fit aut corrumpitur, sed aër illuminatus esse aut fieri aut corrumpi dicitur secundum lumen.

AD SEPTIMUM dicendum, quod sicut Simplicius dicit in Commento Praedicamentorum [in postpraedicamment., in cap de oppositis] inter malum et bonum, secundum quod in moribus accipitur, invenitur aliquid medium; sicut actus indifferens est medium inter actum vitiosum et virtuosum.

es llevado a lo malo, recibe razón y nombre de malo, y esto malo es propiamente contrario a lo bueno, y esta contrariedad se traslada desde los actos a los hábitos en cuanto acto y hábito se asemejan.

A LO QUINTO hay que decir que las tinieblas no son contrarias a la luz, sino privación; pero Aristóteles frecuentemente usa el nombre de contrario por privación, porque él mismo dice que la privación en cierto modo es contrario, y que la contrariedad primera es privación y forma[35].

A LO SEXTO hay que decir que, al llegar las tinieblas, nada queda de luz, sino que solo queda potencia hacia la luz, la que no es tiniebla alguna, sino sujeto de ella. Así pues, antes de que el aire se iluminara, era solamente en potencia hacia la luz. Ni propiamente hablando la luz es o se hace o se corrompe, sino que se dice que el aire iluminado es, se hace o se corrompe, según la luz.

A LO SÉPTIMO hay que decir que, así como Simplicio dice en el *Comentario a las Categorías*[36], entre lo malo y lo bueno, en cuanto se considera en las cosas morales, se encuentra algo medio; así como el acto indiferente es medio entre el acto vicioso y el virtuoso.

---

[35] Aristóteles (1982). *Metafísica*. 1068a 5, y (1995). *Física*. 191a 10. Una corrupción perfecta significa la destrucción y la disolución del cuerpo en aquellos elementos de los que estaba compuesto.

[36] Simplicio (1907). *In Aristotelis Categorias comentarium*. pp. 386, 24-26.

AD OCTAVUM dicendum, quod malum abstracte accipiendo, idest hoc ipsum quod est malum, dicitur corrumpere, non quidem active, sed formaliter, in quantum scilicet est ipsa corruptio boni; sicut et caecitas dicitur corrumpere visum, in quantum est ipsa visus corruptio seu privatio; sed id quod est malum, si sit quidem malum simpliciter, id est secundum se ipsum, sic quidem corrumpit, id est corruptum ducit in actum et effectum, non agendo sed deagendo, id est per defectum activae virtutis, sicut semen indigestum deficit in generando et producit partum monstruosum, qui est corruptio naturalis ordinis. Sed id quod non est simpliciter et secundum se malum, secundum virtutem activam, perfectam corruptionem facit, non simpliciter, sed alicuius.

AD NONUM dicendum, quod corrumpere formaliter non est movere nec agere, sed corruptum esse; corrumpere autem active est movere et agere; ita tamen quod quidquid est ibi de actione vel motione pertinet ad virtutem boni, quod autem est ibi de defectu, pertinet ad malum, qualitercumque accipiatur; sicut quidquid est in claudicatione de motu est ex virtute gressiva;

A LO OCTAVO hay que decir que lo malo, considerándolo abstractamente, esto es por el hecho mismo de ser malo, se dice que corrompe[37], sin duda no activa, sino formalmente, esto es, en cuanto es la corrupción misma de lo bueno; así como también la ceguera se dice que corrompe la vista, en cuanto es ella misma corrupción o privación de la vista. Y lo que es malo, si es malo absolutamente, a saber, según sí mismo, sin duda así corrompe; esto es, lleva lo que ha corrompido a un acto y a un efecto; no actuando sino desactuando, vale decir, por defecto de la virtud activa, así como el semen desordenado falla al generar y produce un parto monstruoso, que es la corrupción del orden natural. Pero aquello que no es malo absolutamente y según sí, produce, según una virtud activa, una corrupción perfecta, no absolutamente, sino respecto de algo.

A LO NOVENO hay que decir que formalmente corromper no es mover ni actuar, sino haber sido corrompido; pero activamente corromper es mover y actuar; así pues, todo lo que en un caso es propio de la acción o bien del movimiento, pertenece a la virtud de lo bueno y lo que en otro caso es propio del defecto, pertenece a lo malo, de cualquier modo que se

---

60

defectus autem rectitudinis est ex tibiae curvitate; et ignis generat ignem in quantum habet talem formam, corrumpit tamen aquam, in quantum huic formae adiungitur talis privatio.

AD DECIMUM dicendum, quod corruptio quae est ab eo quod est malum simpliciter et secundum se ipsum, non potest esse naturalis, sed magis est casus a natura; sed corruptio quae est ab eo quod est malum alicui potest esse secundum naturam, sicut quod ignis corrumpat aquam; et tunc id quod intendit, est bonum simpliciter, scilicet forma ignis. Quod autem intenditur principaliter, est esse ignis generati, et secundario non esse aquae, in quantum ad esse ignis requiritur.

AD UNDECIMUM dicendum, quod verbum illud Philosophi difficultatem habet, quia si malum et bonum non sunt in genere, sed sunt genera, cassatur decem Praedicamentorum distinctio; et ideo, ut Simplicius dicit in *Commento Praedicamentorum* [ubi sup.], quidam solventes dixerunt, quod verbum

conciba; así como todo lo que en la cojera es propio del movimiento es por una virtud para caminar, pero el defecto de la rectitud [en el andar] es por una torcedura en la tibia; y el fuego genera fuego en cuanto tiene tal forma, y corrompe al agua en cuanto a esta forma se añade tal privación.

A LO DÉCIMO hay que decir que la corrupción que es a partir de aquello que es malo absolutamente y según sí mismo, no puede ser natural, sino más bien es un azar de la naturaleza; pero la corrupción que es a partir de aquello que es malo para algo puede ser según naturaleza, así como que el fuego corrompa al agua; y entonces aquello a lo que tiende es bueno absolutamente, es decir, a la forma del fuego. Pues a lo que se tiende, principalmente, es al ser propio del fuego generado y, secundariamente, al no ser del agua, en cuanto se requiere para el ser del fuego.

A LO DECIMOPRIMERO hay que decir que aquella expresión del Filósofo ofrece una dificultad, porque si lo malo y lo bueno no son en un género, sino que son géneros, la distinción de las diez categorías se altera; y en vista de eso, como Simplicio dice en el *Comentario a las Categorías*[38], algunos que inten-

---

[38] Simplicio (1907). *In Aristotelis Categorias comentarium*. pp. 414, 26 ss.

Philosophi sic est intelligendum, quod bonum et malum sunt genera contrariorum, scilicet virtutis et vitii, non tamen sunt in genere contrario, sed in qualitate. Sed expositio haec non videtur conveniens, quia istud tertium membrum non differt a primo quod ponit, scilicet quod quaedam contraria sunt in uno genere. Unde Porphyrius dixit, quod contrariorum quaedam sunt univoca, et ista sunt vel in uno genere proximo, ut album et nigrum in genere coloris, quod est primum membrum divisionis ab Aristotele positum; vel in contrariis generibus proximis, sicut castitas et impudicitia, quae sunt sub virtute et vitio, quod est secundum membrum; quaedam vero sunt aequivoca, sicut bonum quod circuit omnia genera, sicut et ens, et similiter malum; et ideo bonum et malum dixit non esse nec in uno genere nec in pluribus, sed ipsa esse genera, prout genus dici potest id quod genera transcendit, sicut ens et unum. Simplicius vero ponit duas alias solutiones: quarum una est, quod bonum et malum dicuntur genera contrariorum, in quantum unum contrariorum est defectivum respectu alterius, sicut nigrum respectu albi, et amarum respectu dulcis; et sic omnia contraria quodammodo reducuntur

taron resolver el problema dijeron que la expresión del Filósofo debe entenderse así: que lo bueno y lo malo son géneros de los contrarios, a saber de la virtud y del vicio, pero que no son en un género contrario, sino en la cualidad. Sin embargo, esta explicación no parece conveniente, porque este tercer miembro no difiere del primero que propone, a saber, que ciertos contrarios son en un género. De donde Porfirio dijo que de los contrarios algunos son unívocos[39], y estos son o bien en un género próximo, como lo blanco y lo negro en el género del color, que es el primer miembro de la división propuesto por Aristóteles[40]; o bien en géneros contrarios próximos, así como la castidad y la impudicia, que están bajo virtud y vicio, que es el segundo miembro. Pero otros son equívocos, así como lo bueno que recorre todos los géneros, así como también lo ente, y similarmente lo malo; y por eso dijo que lo bueno y lo malo no son ni en un género ni en muchos, sino que ellos mismos son géneros, según que puede decirse género aquello que trasciende a los géneros, así como ente y uno[41]. Pero Simplicio propone otras dos soluciones de las cuales una es que lo bueno y lo malo se dicen géneros de los contrarios, en

<hr>

[39] *Ibídem.*, 33 ss.

[40] Aristóteles (2016). *Las Categorías.* 14a, 19-25.

[41] Trascendentales serían *ens, unum, aliquid, bonum, verum.* Cf. Santo Tomás (1996). *De Veritate.* Cuestión Primera, Art. 1, resp. pp. 49-54. Santiago-Universitaria.

ad bonum et malum, prout omnis defectus pertinet ad rationem mali. Unde et in I Physic. [com. 55], dicitur, quod semper contraria comparantur ad invicem ut melius et peius. Alia solutio est, quod Aristoteles dixit hoc secundum opinionem Pythagorae qui posuit duos ordines rerum; quorum unus comprehenditur sub bono, et alius sub malo. Multoties enim in logica utitur exemplis non veris secundum opinionem propriam, sed probabilibus secundum aliorum opinionem. Et sic patet secundum praedicta quod non oportet ponere quod malum sit aliquid.

AD DUODECIMUM dicendum, quod bonum et malum non sunt differentiae nisi in moralibus, in quibus malum positive aliquid dicitur, secundum quod ipse actus voluntatis denominatur malus a volito; licet et ipsum malum non possit esse volitum nisi sub ratione boni.

cuanto uno de los contrarios es defectivo respecto del otro, así como lo negro respecto de lo blanco y lo amargo respecto de lo dulce; y así todos los contrarios de algún modo se reducen a lo bueno y lo malo, según que todo defecto pertenece a la razón de lo malo. De donde también en el libro I de la *Física* se dice que siempre los contrarios se comparan mutuamente como mejor y peor[42]. La *otra* solución es que Aristóteles dijo esto según la opinión de Pitágoras, quien propuso dos órdenes de cosas, de los cuales uno se comprende bajo lo bueno, y el otro, bajo lo malo[43]. Muchas veces, en efecto, la lógica usa ejemplos no verdaderos según su propia opinión, sino probables según la opinión de otros. Y así es evidente, según las cosas ya dichas, que no es preciso proponer que lo malo sea algo.

A LO DECIMOSEGUNDO hay que decir que lo bueno y lo malo no son diferencias a no ser en las cosas morales, en las cuales algo se dice malo positivamente, según que el acto mismo de la voluntad se denomina malo por lo querido; aun cuando también lo malo mismo pueda no haber sido querido, a no ser bajo la razón de lo bueno.

---

[42]   Aristóteles (1995). *Física.* 189b, 1-5.

[43]   Simplicio (1907). *In Aristotelis Categorias comentarium.* p. 415, 30-35.

AD DECIMUMTERTIUM dicendum, quod unumquodque est magis malum altero, non per accessum ad aliquid summe malum, vel per participationem diversam alicuius formae, sicut dicitur aliquid magis vel minus album secundum diversam participationem albedinis; sed dicitur aliquid magis vel minus malum, secundum quod magis vel minus privatur de bono, non quidem effective, sed formaliter. Homicidium enim dicitur maius peccatum quam adulterium, non quia magis corrumpat bonum naturale animae, sed quia magis removet bonitatem ipsius actus: plus autem contrariantur caritatis bono, quo debet informari actus virtuosus, homicidium, quam adulterium.

AD DECIMUMQUARTUM dicendum, quod nihil prohibet malum habere loci positionem secundum id quod in eo de bono retinetur, et quod commendet bonum sua oppositione in quantum est malum.

AD DECIMUMQUINTUM dicendum, quod subiectum quod est affirmatione monstratum, non solum est contrarium, sed etiam privatio. Dicit enim Philosophus ibidem quod aliqua privatio affirmatione monstratur, ut nudum; et praeterea nihil prohibet dicere mutationem de bono in malum quamdam co-

A LO DECIMOTERCERO hay que decir que cualquier cosa es más mala que otra, no por aproximación a algo extremadamente malo, o bien por participación diversa de alguna forma, así como algo se dice más o menos blanco según diversa participación de la blancura; sino que algo se dice más o menos malo según que está más o menos privado de lo bueno, sin duda no efectiva, sino formalmente. En efecto, el homicidio se dice mayor pecado que el adulterio, no porque corrompa más lo bueno natural del alma, sino porque remueve más la bondad del acto mismo: pues es más contrario al bien del amor, por el cual el acto virtuoso debe ser enseñado[44], el homicidio que el adulterio.

A LO DECIMOCUARTO hay que decir que nada impide que lo malo tenga posición de lugar según lo que en él se retiene de bueno, y que en tanto es malo, destaca lo bueno por su oposición.

A LO DECIMOQUINTO hay que decir que el sujeto designado por la afirmación no solo es contrario, sino también privación. En efecto, el Filósofo dice allí mismo que alguna privación se designa por la afirmación, como desnudo; y además nada impide decir que el cambio de lo bueno a lo malo sea

---

[44] *Informari* por *edoceri*. El bien del amor (*caritatis bono*) es una acción virtuosa que debe ser comunicada con el fin de generar una enseñanza.

rruptionem esse, ut sic possit dici mutatio de subiecto in non subiectum; cum tamen homo de bonitate virtutis in malitiam mutatur, est motus de qualitate in qualitatem, ut patet per praemissa.

AD DECIMUMSEXTUM dicendum, quod, sicut Dionysius solvit [*loc. Cit. in argum.*], malum est corruptivum in quantum est malum; generativum autem non est in quantum malum, sed in quantum retinet aliquid de bono.

ADDECIMUMSEPTIMUMdicendum, quod non esse nunquam appetitur nisi in quantum per aliquod non esse conservatur proprium esse; sicut ovis absentiam lupi appetit propter conservationem propriae vitae; nec praesentiam lupi refugit nisi in quantum est suae vitae corruptiva. Ex quo patet quod ens appetitur per se ipsum, fugitur autem per accidens; non ens autem fugitur per se, et appetitur per accidens; et ideo bonum, in quantum bonum, est aliquid; malum autem, in quantum malum, est privatio.

AD DECIMUMOCTAVUM dicendum, quod poena, in quantum est poena, est malum alicuius; in quantum est iusta, est bonum simpliciter. Nihil autem prohibet id quod est bonum simpliciter, esse malum alicuius; sicut forma ignis

una cierta corrupción, ya que así el cambio puede decirse de un sujeto a un no sujeto; sin embargo, cuando el hombre se cambia de la bondad de la virtud a la maldad, el movimiento es de la cualidad a la cualidad, como queda de manifiesto por lo anunciado antes.

A LO DECIMOSEXTO hay que decir que, así como explica Pseudo Dionisio, lo malo es corruptivo en cuanto es malo, y no es generativo en cuanto malo, sino en cuanto retiene algo de lo bueno.

A LO DECIMOSÉPTIMO hay que decir que el no ser nunca es apetecido, salvo cuando el propio ser se conserva por algún no ser; así como la oveja apetece la ausencia del lobo a causa de la conservación de su propia vida; y no rehuye la presencia del lobo a no ser en cuanto es corruptiva de su vida. De esto, es manifiesto que lo ente es apetecido por sí mismo y rehuido por accidente; en cambio, lo no ente es rehuido por sí y apetecido por accidente; y por eso lo bueno, en cuanto bueno, es algo; en cambio lo malo, en cuanto malo, es privación.

A LO DECIMOCTAVO hay que decir que el castigo, en cuanto castigo, es malo respecto de algo; en cuanto es justo, es bueno absolutamente. Sin embargo, nada impide que aquello que es bueno absolutamente sea malo respecto de algo; así como la

est bonum simpliciter, sed est malum aquae.

AD DECIMUMNONUM dicendum, quod ens dicitur dupliciter. *Uno modo* secundum quod significat naturam decem generum; et sic neque malum neque aliqua privatio est ens neque aliquid. *Alio modo* secundum quod respondetur ad quaestionem an est; et sic malum est, sicut et caecitas est. Non tamen malum est aliquid; quia esse aliquid non solum significat quod respondetur ad quaestionem an est, sed etiam quod respondetur ad quaestionem quid est.

AD VICESIMUM dicendum, quod malum quidem est in rebus, sed ut privatio, non autem ut aliquid reale; sed in ratione est ut aliquid intellectum: et ideo potest dici, quod malum est ens rationis et non rei, quia in intellectu est aliquid, non autem in re; et hoc ipsum quod est esse intellectum, secundum quod aliquid dicitur ens rationis, est bonum; bonum enim est aliquid intelligi.

forma del fuego es lo bueno absolutamente, pero es lo malo para el agua.

AL DECIMONOVENO hay que decir que lo ente se dice de dos modos. *De un modo*, en cuanto significa la naturaleza de los diez géneros; y así ni lo malo ni alguna privación es ente ni es algo. *De otro modo*, en cuanto se responde a la pregunta *si acaso es,* y así lo malo es, como la ceguera también es. Sin embargo, lo malo no es algo, porque ser algo no solo significa lo que se responde a la pregunta si acaso es, sino también lo que se responde a la pregunta qué es.

A LO VIGÉSIMO hay que decir que lo malo es, por cierto, en las cosas, pero como privación, no como algo real; y que es en la razón como algo entendido: por lo que puede decirse que lo malo es ente de razón y no de la cosa, porque en el intelecto es algo, pero no en la cosa. Y este mismo hecho, de haber sido entendido, según lo cual algo se dice ente de razón, es bueno, pues es bueno que algo sea entendido.

ART. 2

Secundo quaeritur UTRUM MALUM SIT IN BONO. ET VIDETUR QUOD NON.

Dicit enim Dionysius IV cap. *De divin. Nomin.*, quod malum neque est existens, neque in existentibus; et hoc probat per hoc, quod omne existens est bonum. Malum autem non est in bono. Ergo non est in existente; et sic videtur quodam manifesto uti, quod malum non sit in bono.

Sed dicendum, quod malum est in existente et in bono, non in quantum est existens vel bonum, sed in quantum est deficiens. —*Sed contra*, omnis defectus pertinet ad rationem mali. Si ergo malum est in existente in quantum est deficiens, malum est in existente in quan-

---

Segundo, se pregunta si LO MALO ES EN LO BUENO[1]. Y PARECE QUE NO.

1 Dice, en efecto, Pseudo Dionisio, en el cap. IV de *Los Nombres de Dios*[2], que lo malo ni es existente, ni es en las cosas existentes[3]; y esto lo prueba por el hecho de que todo lo existente es bueno. Pero lo malo no es en lo bueno; luego, no es en lo existente. Y así parece tener como algo manifiesto que lo malo no es en lo bueno[4].

2 *Pero, hay que decir* que lo malo es en lo existente y en lo bueno, no en cuanto [algo] es existente o bueno, sino en cuanto es deficiente. *Pero, por el contrario:* todo defecto pertenece a la razón de lo malo. Luego, si lo malo es en lo existente en cuanto es deficiente[5], lo malo es en lo

---

[1] Esta pregunta la hace también en: *Suma de Teología.* I. Cuestión. 48. Art. 2; *Suma Contra Gentiles, Libro III,* cap. 11; *Compendio de Teología,* cap. 118; y en *Scriptum super libros Sententiarum magistri Petri Lombardi episcopi Parisiensis* liber II, Disc. 34, art. 4.

[2] Pseudo Dionisio Areopagita (2007). *Obras Completas. Loc. cit.* IV, 21, p. 49.

[3] No es sustancia ni accidente; es nada en la realidad.

[4] Pseudo Dionisio parece tener como algo manifiesto que lo malo no es en lo bueno. Prueba de ello es que lo pone como un principio, como una premisa, en el argumento que concluye que "lo malo no es en lo existente". *Ibídem.*

[5] El problema por resolver es si de alguna manera puede decirse que haya mal en las cosas buenas. Las respuestas que se presentan antes del *Respondeo* de Santo Tomás niegan esta posibilidad. La niegan porque: a) No se puede aceptar que haya mal en lo existente en cuanto tal, pues todo lo que existe por naturaleza

tum existens est malum. Malum ergo aliquod praesupponitur in existente ad hoc quod possit esse subiectum mali; et redibit quaestio de illo malo quod sit eius subiectum; et si existens, in quantum est deficiens, est eius subiectum, oportebit praesupponere aliquod aliud malum, et sic in infinitum procedere. Standum est ergo in primo, ut scilicet si malum est in existente, sit in eo non in quantum est deficiens, sed in quantum est existens; quod est contra Dionysium.

existente en cuanto lo existente es malo. Luego, algo malo se presupone en lo existente para que este pueda ser sujeto de lo malo; y volverá la pregunta acerca de ese mal que es sujeto de él; y si lo existente, en cuanto deficiente, es sujeto de él, será necesario presuponer algún otro mal, y así proceder al infinito[6]. Luego, hay que persistir en lo primero, esto es: que si lo malo es en lo existente, lo es no en cuanto es deficiente, sino en cuanto es existente[7]; lo que va contra Pseudo Dionisio.

Praeterea, malum et bonum sunt opposita. Sed unum oppositorum non est in alio sicut frigidum non est in igne. Ergo malum non est in bono.

3 Además, lo malo y lo bueno son opuestos[8]. Pero, uno de los opuestos no es en el otro, así como lo frío no es en el fuego. Luego, lo malo no es en lo bueno.

Sed dicendum, quod malum non est in bono sibi opposito, sed in alio. —*Sed contra*, omne illud quod

4 *Pero, hay que decir* que lo malo no es en lo bueno opuesto a este sino en otro[9]. *Pero, por el contrario*, todo

---

es obra de la Creación Divina; y la Creación es buena en todas y en cada una de sus obras. b) Tampoco se puede aceptar que lo malo sea en lo existente aduciendo que nada existente es perfecto en su género (aun siendo bueno); que siempre las cosas "están por debajo" de todo lo bueno que podrían ser. El argumento que le sale al camino a esta alternativa es que "estar por debajo", ser "deficiente", es un mal. Así, decir que el mal en las cosas es "solo" defecto, es como decir que el mal en las cosas no es más que mal.

[6] Si alguien contesta que no hay mal en las cosas creadas sino defecto, deberá reconocer, como vimos en la nota precedente, que el defecto es un mal. Entonces se volverá a la pregunta: ¿Existe el mal en las cosas? Y para evitar la respuesta positiva se volverá a sostener que el mal es "solo" defecto... hasta el infinito.

[7] Según esta posición no hay salida para los que afirman que lo malo es de alguna manera en lo bueno. En efecto, los que la sostienen deberían concluir que lo malo es en lo existente. Pero esto es muy grave: no solo va contra Pseudo Dionisio, sino contra el cristianismo en su lucha contra los maniqueos. Cf. Pseudo Dionisio Areopagita (2007). *Ibídem*.

[8] Los opuestos son cuatro: contradicción, contrariedad, relación, hábito-privación. En ninguna de estas especies de oposición, uno de los opuestos podría ser en el otro: ni el hombre en el no-hombre, ni el frío en el calor, ni el tío en el sobrino, ni la ceguera en la visión.

[9] Así, es bueno ser generoso y el tanto de mal (de defecto) que pudiera haber en la generosidad no sería propiamente la avaricia, que es su contrario. Se puede ser más o menos generoso, pero no avaro cuando se es generoso. El mal que puede acompañar, ser concomitante al bien de la generosidad, es, por ejemplo, la vanagloria, que podría ser un elemento inconsciente en el acto de dar.

convenit multis, convenit eis per unam naturam. Sed bonum convenit multis, similiter et malum. Ergo per unam naturam communem bonum convenit omnibus bonis, et malum omnibus malis. Sed malum communiter acceptum, oppositum est bono. Ergo malum quodlibet opponitur cuilibet bono; et sic si aliquod malum est in aliquo bono, sequitur quod oppositum sit in suo opposito.

Praeterea, Augustinus dicit in *Ench.* [cap. XIII], quod in hoc quod malum est in bono, fallit dialecticorum regula, quae dicit, quod contraria simul esse non possunt. Non autem falleret, si malum non esset in bono sibi opposito. Ergo ex hoc quod malum est in bono, sequitur quod oppositum sit in opposito, quod omnino esse non potest; quia omnia opposita includunt in se contradictionem; contradictoria autem simul esse non possunt. Non ergo malum est in bono.

Praeterea, omne quod inest alicui aut causatur ex subiecto, sicut accidens naturale, ut calor ex igne, aut ex aliquo exteriori agente, sicut

aquello que conviene con muchas cosas, conviene con estas por una sola naturaleza. Pero lo bueno conviene con muchas cosas; y similarmente lo malo. Luego, por una sola naturaleza común lo bueno conviene con todas las cosas buenas; lo malo, con todas las cosas malas. Pero lo malo, universalmente tomado, es opuesto a lo bueno. Luego, un mal cualquiera se opone a un bien cualquiera; y así, si algo malo es en algo bueno, se sigue que lo opuesto es en su opuesto[10].

5 Además, dice Agustín en *Enquiridión*[11] que por el hecho de que lo malo es en lo bueno, falla la regla de los dialécticos[12], que dice que los contrarios no pueden ser simultáneamente. Pero no fallaría si lo malo no fuese en lo bueno opuesto a él. Luego, del hecho de que lo malo es en lo bueno se sigue que lo opuesto es en lo opuesto; lo que absolutamente no puede ser, porque todos los opuestos encierran entre sí contradicción; y las cosas contradictorias no pueden ser simultáneamente. Luego, lo malo no es en lo bueno.

6 Además, todo lo que es en algo, o es causado por el sujeto así como accidente natural, como el calor por el fuego; o por algún agente

---

10   Lo que es imposible.
11   Agustín de Hippona (1956). *Obras Completas de San Agustín IV. Obras Apologéticas.* Óp. cit. Cap. XIII. pp. 479-481.
12   En época de Agustín, en general: filósofos.

calor aquae ex igne, qui est accidens innaturale. Si ergo malum sit in bono, aut causatur ex bono, aut ab aliquo alio. Sed non ex bono, quia bonum non potest esse causa mali, secundum illud *Matth.*, cap. VII, 18: *non potest arbor bona fructus malos facere.* Nec iterum causatur ab aliquo alio; quia et hoc vel est malum, vel est commune principium mali et boni. Sed non potest esse malum non causatum ex bono causa mali quod est in bono; quia sic sequeretur quod non omnis binarius haberet ante se unitatem. Nec iterum potest esse quod sit unum commune principium boni et mali; quia idem secundum idem non facit diversa et difformia. Ergo nullo modo malum potest esse in bono.

exterior, así como el calor del agua por el fuego, que es un accidente innatural[13]. Luego, si lo malo es en lo bueno, o bien es causado por lo bueno, o bien, por otro algo[14]. Pero, no por lo bueno, porque lo bueno no puede ser causa de lo malo, según Mt 7, 18: "Un árbol bueno no puede producir frutos malos". Pero tampoco es causado por otro algo, puesto que también esto o ya es malo, o ya es principio común de lo malo y de lo bueno. Pero lo malo no causado por lo bueno no puede ser causa de lo malo que es en lo bueno, porque así se seguiría que no todo binario tendría unidad ante sí, ni tampoco lo que es uno puede ser principio común de lo bueno y lo malo, porque lo mismo según lo mismo no hace cosas diversas y disformes. Luego, de ningún modo lo malo puede ser en lo bueno.

Praeterea, nullum accidens diminuit vel corrumpit subiectum in quo est. Sed malum diminuit vel corrumpit bonum. Ergo malum non est in bono.

7 Además, ningún accidente disminuye o corrompe al sujeto en el cual es[15]. Pero lo malo disminuye o corrompe lo bueno. Luego, lo malo no es en lo bueno.

Praeterea, sicut bonum respicit actum, ita malum e contrario respicit potentiam; unde malum non

8 Además, así como lo bueno dice relación con el acto, así por el contrario, lo malo dice relación con la

---

[13] Lo que se quiere decir es que el efecto no es causado por la naturaleza del objeto afectado, sino por otro. Y no decimos "no natural", porque en el sentido en que nosotros empleamos las palabras, el calor que causa el fuego en el agua es tan natural como el calor del mismo fuego. Santo Tomás hace la distinción: accidente innatural: Santo Tomás (1989). *Suma de Teología* II. C. 31. a. 7, nota c. p. 277. Madrid-BAC. Cf. Pseudo Dionisio Areopagita (2007) *Ibídem.*

[14] *Ab aliquo alio:* por otra cosa.

[15] El argumento se refiere a los accidentes naturales y no a los "innaturales". Véase, aquí mismo, la nota 57.

invenitur nisi in his quae sunt in potentia, ut dicitur in IX *Metaph.* [com. 22]. Sed malum est in potentia, sicut et quaelibet privatio. Non ergo malum est in bono sed in malo.

Praeterea, bonum et finis sunt idem, ut dicitur in V *Metaph.* [comm. 3, et in II Physic.; com. 31]. Forma autem et finis incidunt in idem, ut dicitur in II *Physic.* [com. 70]. Sed privatio formae substantialis excludit formam a materia. Ergo non relinquit aliquod bonum. Cum ergo privatio sit in materia, et habeat rationem mali, videtur quod non omne malum sit in bono.

Praeterea, quanto aliquod subiectum perfectius est, tanto et accidens magis in eo invenitur; sicut quanto ignis perfectior est, tanto magis est calidus. Si ergo malum sit in bono sicut in subiecto, sequeretur quod quanto bonum perfectius est, tanto magis sit ibi malum, quod est impossibile.

Praeterea, omne subiectum est conservativum accidentis. Sed malum non conservatur a bono sicut in subiecto, sed magis destruitur. Ergo malum non est in bono sicut in subiecto.

potencia, de donde lo malo no se encuentra a no ser en aquellas cosas que son en potencia, como se dice en el libro IX de la *Metafísica*[16]. Pero lo malo es en potencia, así como también cualquier privación. Luego, lo malo no es en lo bueno sino en lo malo.

9   Además, bueno y fin son lo mismo, como se dice en el libro V de la *Metafísica*[17]. Y forma y fin inciden en lo mismo, como se dice en el II de la *Física*[18]. Pero la privación de la forma sustancial excluye la forma de la materia[19]. Luego, no deja algo bueno. Por tanto, siendo la privación en la materia, y teniendo razón de lo malo, parece que no todo lo malo es en lo bueno.

10   Además, cuanto más perfecto es un cierto sujeto, tanto más el accidente se encuentra en él; así como cuanto más perfecto es el fuego, tanto más caliente es. Luego, si lo malo fuese en lo bueno como en un sujeto, se seguiría que cuanto más perfecto es lo bueno, tanto más sería allí lo malo, lo que es imposible.

11   Además, todo sujeto es conservativo del accidente. Pero lo malo no se conserva por lo bueno así como en un sujeto, sino que más bien se destruye. Luego, lo malo no es en lo bueno así como en un sujeto.

[16]   Aristóteles (1982). *Metafísica.* IX, 1051a, 16.
[17]   *Ibidem,* V, 1013b, 25.
[18]   Aristóteles (1995). *Física.* II, 195a, 25.
[19]   Así, la privación de la forma sustancial deja al sujeto (a la materia) en estado de mera potencia a ser.

Praeterea, omne accidens denominat suum subiectum. Si ergo malum sit in bono, denominabit bonum; et ita sequitur quod bonum sit malum; quod est contra id quod dicitur Is.,V, 20: *vae qui dicunt bonum malum.*

12 Además, todo accidente denomina a su sujeto[20]. Luego, si lo malo es en lo bueno, denominará a lo bueno; y así se sigue que lo bueno es malo; lo que va contra lo que se dice en *Is.* V, 20: "Ay, los que llaman al mal, bien"[21].

Praeterea, quod non est ens, non est in aliquo. Sed malum non est ens. Ergo non est in bono.

13 Además, lo que no es ente, no es en algo. Pero lo malo no es ente. Luego, no es en lo bueno.

Praeterea, sicut defectus est de ratione mali, ita perfectio est de ratione boni. Sed malum non est in aliquo perfecto, cum sit corruptio. Ergo malum non est in bono.

14 Además, así como el defecto es propio de la razón de lo malo, así la perfección es propia de la razón de lo bueno. Pero lo malo no es en algo perfecto, puesto que es corrupción. Luego, lo malo no es en lo bueno.

Praeterea, bonum est quod omnia appetunt. Sed id quod est subiectum malo, non est appetibile; vivere enim in miseriis nullus appetit, ut dicitur IX *Ethic..* Ergo id quod est subiectum mali, non est bonum.

15 Además, lo bueno es lo que todas las cosas apetecen. Pero no es apetecible aquello que es sujeto para lo malo. En efecto, nadie apetece vivir en la miseria, como se dice en el libro IX de la Ética[22]. Luego, aquello que es sujeto de lo malo, no es bueno.

Praeterea, nihil nocet nisi suo opposito. Si ergo malum non sit in bono sibi opposito, sed in quodam alio bono, non nocebit ei, et sic non habebit rationem mali; quia in tantum est malum, in quantum nocet bono, ut Augustinus dicit in *Ench.*

16 Además, nada daña a no ser a su opuesto. Luego, si lo malo no es en lo bueno opuesto a él, sino en otro cierto bueno, no lo dañará, y así no tendrá razón de malo. Porque es malo en cuanto daña lo bueno, como dice San Agustín en

---

[20] Lo denomina en el sentido en que una cualidad sirve de nombre al sujeto que la posee: llamar santo(a), por ejemplo, al hombre o mujer de actitudes piadosas o que actúa bien.

[21] Is. 5: 20, *Væ qui dicitis malum bonum, et bonum malum; ponentes tenebras lucem, et lucem tenebras; ponentes amarum in dulce, et dulce in amarum!*: "¡Ay! De los que llaman malo a lo bueno y bueno a lo malo, que de la luz nacen tinieblas, y de las tinieblas luz; que de lo dulce surge lo amargo y dulce de lo amargo!". *Biblia Sacra iuxta Vulgatam Clementinam.* p. 836. Londres, 2005.

[22] Aristóteles (1998) *Ética Nicomáquea – Ética Eudemia. Óp. cit.,* Libro IX. 1170a, 20-25. pp. 371-372.

[c. XII] Et in lib. *de Natura boni*. [c. VI]. In malo autem sibi opposito esse non potest. Ergo in nullo bono est malum.

Enquiridión[23] y en el libro *De la Naturaleza del Bien*[24]. Sin embargo, no puede ser en lo malo opuesto a sí. Luego, en ninguna cosa buena está lo malo[25].

SED CONTRA. Est quod Augustinus dicit in *Ench.* [cap. XIV], quod malum nisi in bono esse non potest.

1 *PERO, POR EL CONTRARIO*, está lo que dice Agustín en *Enquiridión*[26]: Que lo malo no puede ser sino en lo bueno.

Praeterea, malum est privatio boni, ut Augustinus dicit [*Ench.*, cap. XI]. Sed privatio determinat sibi subiectum; est enim negatio in subiecto, ut dicitur in IV *Metaph.* [com. 4]. Ergo malum determinat sibi subiectum. Sed omne subiectum, cum sit existens, est bonum; quia bonum et ens convertuntur. Ergo malum est in bono.

2 Además, lo malo es privación de lo bueno, como dice Agustín[27]. Pero la privación determina en sí al sujeto, pues, es negación en el sujeto, como se dice en el IV de la *Metafísica*[28]. Luego, lo malo determina en sí al sujeto. Pero todo sujeto, siendo existente, es bueno; porque bueno y ente son convertibles [entre sí]. Luego, lo malo es en lo bueno.

RESPONDEO. Dicendum quod malum non potest esse nisi in bono. Ad cuius evidentiam sciendum est, quod de bono dupliciter contingit

RESPONDO. Hay que decir que lo malo no puede ser sino en lo bueno. Ante esta evidencia, hay que saber que de lo bueno se puede ha-

23 Agustín de Hippona (1956). *Ibídem.* pp. 476-479.

24 Agustín de Hippona (1962). *Obras Completas de San Agustín III. Obras Filosóficas. De la Naturaleza del Bien: Contra los Maniqueos.* Cap. VI. p. 777. Madrid-BAC.

25 El argumento sería, entonces: supongamos que lo malo sea en lo bueno, pero no en lo bueno opuesto a eso malo, pues, como vimos, no puede ocurrir lo malo en lo bueno: la avaricia no es en la generosidad sino en algo bueno otro, por ejemplo, en la virtud de la economía. Pero, dice este argumento, no se dañan ni se destruyen sino las cosas opuestas, por lo que lo malo que ocurre en bien otro, distinto a su opuesto, no lo dañará y, entonces, no será un mal en sí mismo. Es decir, en ninguna cosa buena habría mal.

26 Agustín de Hippona (1956). *Obras Completas de San Agustín IV Obras Apologéticas. Óp. cit.* Cap. XIII. pp. 479-481.

27 *Ibídem*, cap. XI. pp. 474-477.

28 Aristóteles (1982). *Metafísica*. Libro III, 1004a, 15-16. pp. 156-157. En sus Comentarios a la *Metafísica* de Aristóteles, Santo Tomás dice: "en la privación hay cierta naturaleza o sustancia determinada de la cual se habla de privación. En cambio, la negación dice solo la ausencia de algo, es decir, remueve, sin determinar al sujeto".

loqui: *uno modo* de bono absolute; *alio modo* secundum quod dicitur bonum hoc, ut bonus homo, aut bonus oculus.

Loquendo ergo *de bono absolute*, bonum habet amplissimam extensionem, etiam ampliorem quam ens, ut Platonicis placuit. Cum enim bonum sit id quod est appetibile, id quod est secundum se appetibile, est secundum se bonum. Hoc autem est finis. Sed quia ex hoc quod appetimus finem, sequitur quod appetamus ea quae in finem ordinantur; consequens est ut ea quae ordinantur in finem, ex hoc ipso quod in finem vel bonum ordinantur boni rationem obtineant: unde utilia sub divisione boni comprehenduntur. Omne autem quod est in potentia ad bonum, ex hoc ipso quod est in potentia ad bonum habet ordinem ad bonum; cum esse in potentia nihil aliud sit quam ordinari in actum. Patet ergo quod id quod est in potentia, ex hoc ipso quod est in potentia, habet rationem boni.

Omne ergo subiectum in quantum est in potentia respectu cuiuscumque perfectionis, etiam materia prima, ex hoc ipso quod est in potentia, habet boni rationem. Et

blar de dos formas: *de un modo*, de lo bueno absolutamente; *de otro modo*, según que se dice un esto bueno, como hombre bueno u ojo bueno.

Hablando, pues, *de lo bueno absolutamente*, lo bueno tiene una amplísima extensión, incluso más amplia que lo ente, como han opinado los platónicos. En efecto, siendo lo bueno aquello que es apetecible; aquello que es según sí apetecible, es bueno según sí. Y esto es el fin. Pero, puesto que por el hecho de que apetecemos el fin se sigue que apetezcamos aquellas cosas que se ordenan a un fin, es consecuente que aquellas cosas que se ordenan a un fin, por el hecho mismo de ordenarse a un fin o a un bien, obtengan razón de lo bueno: de ahí que las cosas útiles se comprendan bajo la división de lo bueno. Ahora bien, todo lo que es en potencia hacia lo bueno, por tanto es en potencia a lo bueno, se ordena a lo bueno; puesto que ser en potencia no es ninguna otra cosa que ordenarse al acto[29]. Luego, es evidente que aquello que es en potencia, por el mismo hecho de ser en potencia, tiene razón de lo bueno.

Luego, todo sujeto, incluso la materia primera, en cuanto es en potencia respecto de cualquier perfección, por el hecho mismo de que es en potencia, tiene razón

---

[29] Ordenarse tiene el significado que conserva del latín, de encaminarse, dirigirse a un fin.

quia Platonici non distinguebant inter materiam et privationem, ordinantes materiam cum non ente, dicebant, quod bonum ad plura se extendit quam ens. Et hanc viam videtur secutus Dionysius in libro de *Divin. Nomin.* [cap. V], bonum praeordinans enti. Et quamvis materia distinguatur a privatione, et non sit non ens nisi per accidens, adhuc tamen haec consideratio quantum ad aliquid vera est, quia materia prima non dicitur ens nisi in potentia, et esse simpliciter habet per formam; sed potentiam habet per se ipsam; et cum potentia pertineat ad rationem boni, ut dictum est, sequitur quod bonum conveniat ei per se ipsam.

de lo bueno. Y ya que los platónicos no distinguían entre materia y privación, poniendo la materia con aquello no ente, decían que lo bueno se extiende a más cosas que lo que es ente. Y Pseudo Dionisio parece haber seguido esta vía en el libro *De los Nombres de Dios*[30], anteponiendo bueno a ente. Y aunque la materia se distinga de la privación, y no sea no ente sino por accidente, sin embargo, esta consideración todavía es en cierto sentido verdadera, porque la materia primera no se dice ente, a no ser en potencia, y en sentido absoluto tiene ser por la forma. Sin embargo, tiene potencia por sí misma, y puesto que, como se ha dicho, la potencia pertenece a la razón de lo bueno, se sigue que lo bueno convenga con ella por sí misma.

Quamvis autem quodcumque ens, sive in actu, sive in potentia, absolute bonum dici possit, non tamen ex hoc ipso quaelibet res est *bonum hoc*; sicut si aliquis homo sit bonus simpliciter, non sequitur quod sit bonus cytharaedus, sed tunc tantum, quando habet perfectionem in arte cytharizandi. Sic ergo licet homo secundum hoc ipsum quod est homo, sit quoddam bonum,

Pero aunque cualquier ente, ya sea en acto ya sea en potencia, pueda decirse bueno en un sentido absoluto, sin embargo, no por esto mismo cualquier cosa es un *esto bueno*, así como si algún hombre es bueno absolutamente, no se sigue que sea un buen citarista sino solo cuando tiene la perfección en el arte de tocar la cítara[31]. Así, pues, aunque el hombre, por el hecho mismo

[30] Pseudo Dionisio Areopagita (2007). *Obras Completas. Óp. cit.* V, 6, p. 62.

[31] Todo lo que es, es bueno por el hecho de serlo (*absolutamente*) y por el hecho de serlo en potencia respecto de alguna perfección debida a su naturaleza. Pero no todo lo que es, por el hecho de ser, ha realizado esa perfección debida a su naturaleza o a su arte (*techne*): que un sujeto toque la cítara no hace al sujeto un citarista ni un virtuoso de la cítara, por ejemplo. Por lo tanto, no cualquier cosa, por el hecho solo de serlo, es un *esto bueno (hoc bonum)*.

non tamen ex hoc ipso est bonus homo, sed id quod facit bonum unumquodque est proprie virtus eius. Virtus enim est quae bonum facit habentem, secundum Philosophum in II *Ethic.* [cap. VI]. Virtus autem est ultimum potentiae rei, ut dicitur in I *de Caelo* [com. 116]. Ex quo patet quod tunc dicitur aliquid bonum hoc, quando habet perfectionem propriam, sicut homo bonus quando habet perfectionem hominis, et bonus oculus quando habet perfectionem oculi.

de ser hombre sea un algo bueno; sin embargo, no por este mismo hecho es un hombre bueno, sino que lo que hace bueno a cada uno es propiamente su virtud. En efecto, la virtud es la que hace bueno al que la tiene, según el Filósofo en el libro II de la *Ética*[32]. Pero la virtud es lo máximo de la potencia de una cosa, como se dice en *Acerca del Cielo*, libro I[33]. Por esto, es evidente entonces que algo se dice un algo bueno, cuando tiene la perfección propia, como hombre bueno, cuando tiene la perfección del hombre, y ojo bueno, cuando tiene la perfección del ojo.

Secundum praemissa ergo apparet tripliciter dici bonum. *Uno* enim *modo* ipsa perfectio rei bonum eius dicitur, sicut acumen visus dicitur bonum oculi, et virtus dicitur bonum hominis. *Secundo* dicitur bonum res quae habet suam perfectionem; sicut homo virtuosus, et oculus acute videns. *Tertio modo* dicitur bonum ipsum subiectum, secundum quod est in potentia ad perfectionem; sicut anima ad virtutem, et substantia oculi ad acumen visus.

Luego, según lo antedicho, es evidente que lo bueno se dice de tres modos. En efecto, *de un primer modo,* la perfección misma de una cosa se dice lo bueno de ella, como la agudeza de la visión se dice lo bueno del ojo, también la virtud se dice lo bueno del hombre. *De un segundo [modo],* se dice bueno la cosa que tiene su [propia] perfección, como el hombre virtuoso y el ojo que ve agudamente. *De un tercer modo,* se dice bueno al sujeto mismo según que es en potencia hacia la perfección: como el alma hacia la virtud y la sustancia del ojo hacia la agudeza de la visión.

[32] Aristóteles (1998) *Ética Nicomáquea – Ética Eudemia. Óp. cit.* II, 5, 1106a1. p. 168.
[33] Aristóteles (1996). *Acerca del Cielo - Metereológicos. Acerca del Cielo,* libro I, 281ª14. p. 95. Madrid-Gredos.

Cum autem malum, ut supra dictum est, nihil aliud sit quam privatio debitae perfectionis; privatio autem non sit nisi in ente in potentia, quia hoc privari dicimus quod natum est habere aliquid et non habet; sequitur quod malum sit in bono, secundum quod ens in potentia dicitur bonum. Bonum autem quod est *perfectio*, per malum privatur, unde in tali bono non potest esse malum. Bonum autem quod est *compositum ex subiecto et perfectione*, diminuitur per malum, in quantum tollitur perfectio et remanet subiectum; sicut caecitas privat visum, et diminuit oculum videntem, et est in substantia oculi, vel etiam in ipso animali, sicut in subiecto.

Unde si aliquod bonum est quod est actus purus nullam potentiae permixtionem habens, cuiusmodi est Deus, in tali bono nullo modo potest esse malum.

AD PRIMUM ergo dicendum, quod Dionysius non intendit quod malum non sit in existente, sicut pri-

Y ya que lo malo, como se ha dicho arriba, no es ninguna otra cosa que privación de la perfección debida[34]; y la privación no es sino en lo que es en potencia, porque llamamos estar privado a esto: a lo que ha nacido para tener algo y no lo tiene; se sigue que lo malo es en lo bueno, según que el ente en potencia se dice bueno. Pero lo bueno que es *perfección*, está privado de lo malo, de donde en lo bueno tal, no puede ser lo malo[35]. Con todo, lo bueno que está *compuesto de sujeto y perfección* es disminuido por lo malo en cuanto la perfección es destruida y el sujeto permanece; así como la ceguera priva de la visión y disminuye al ojo que ve, existe en la sustancia del ojo o incluso en el animal mismo, así como en un sujeto.

De donde, si existe algo bueno, que es acto puro, sin ninguna mezcla de potencia —como es Dios—, en lo bueno tal de ningún modo puede existir lo malo.

Luego, A LO PRIMERO hay que decir que Pseudo Dionisio no está entendiendo que lo malo no sea en

[34] Ver el último párrafo en el *Respondeo* del artículo 1°.

[35] Santo Tomás trata de definir en qué sentido lo malo se dice en lo bueno, y primero examina de cuántos modos se dice que algo es bueno: lo bueno se dice de tres modos: a) de la perfección (o cualidad) misma: de la generosidad, por ejemplo, b) de la cosa que posee esa cualidad: el hombre generoso es bueno en cuanto es generoso, c) del "sujeto" que puede llegar a tener o perfeccionar esa cualidad, del ser en potencia respecto a su perfección: tal o cual hombre es bueno en cuanto puede ser capaz de un acto de generosidad. Ahora bien, cuando afirma que lo malo es en lo bueno, se refiere a este tercer modo, al que está compuesto de "sujeto y perfección"; de ningún modo a la perfección misma: en la generosidad en cuanto cualidad no puede haber avaricia.

vatio in subiecto, sed quod sicut non est aliquid per se existens, ita non est aliquid positive in subiecto existens.

lo existente, así como la privación en un sujeto; sino que, así como no es algo de por sí existente, de este modo no es algo que existe positivamente en un sujeto.

AD SECUNDUM dicendum, quod cum dicitur quod malum est in existente in quantum est deficiens, potest hoc intelligi dupliciter. *Uno modo* quod ly *in quantum* designet quamdam concomitantiam; et sic est verum quod dicitur, eo modo loquendi quo dici posset quod album est in corpore in quantum corpus est album. *Alio modo* ita quod ly *in quantum* designet rationem praeexistentem in subiecto; et sic procedit ratio.

A LO SEGUNDO hay que decir que cuando se dice que lo malo es en lo existente en cuanto es deficiente, esto puede entenderse de dos modos. *De un modo,* que el[36] *en cuanto* designe una cierta concomitancia; y así es verdadero lo que se dice: con este modo de hablar por el cual podría decirse que lo blanco es en el cuerpo en cuanto el cuerpo es blanco. *De otro modo,* que el *en cuanto* designe la razón preexistente en un sujeto; y así, el argumento es válido.

AD TERTIUM dicendum, quod malum non opponitur bono in quo est; est enim in bono quod est in potentia. Malum autem est privatio; potentia autem non opponitur neque privationi neque perfectioni, sed substernitur utrique. Dionysius tamen in IV cap. *De divin. Nomin.* [part. 4], utitur hac ratione ad ostendendum quod malum non est in bono tanquam aliquid existens.

A LO TERCERO hay que decir que lo malo no se opone a lo bueno en lo cual es; en efecto, es en lo bueno que es en potencia. Pero lo malo es privación, y la potencia no se opone ni a la privación ni a la perfección, sino que se subordina a ambas. Sin embargo, Pseudo Dionisio, en el cap. IV del *De los Nombres de Dios*[37], usa esta razón para mostrar que lo malo no es en lo bueno como algo existente.

AD QUARTUM dicendum, quod ratio illa multiplicem defectum habet.

A LO CUARTO hay que decir que esta razón falla en varios aspectos.

---

[36] *Ly* en la edición Marietti, *li* en la edición leonina (cf. mss Borgh. 113, f69r y Vat. Lat. 787 2, f269v). Artículo definido, tomado probablemente de la lengua vernácula, usado por Santo Tomás en algunos de sus escritos (más adelante, también en el art. 3 ad 6). Cf. Super Ioannem, cap. 1, lec. 1.

[37] Pseudo Dionisio Areopagita (2007). *Obras Completas. Óp. cit.* IV. 20-21, pp. 46-50.

Nam quod *primo* dicitur, quod id quod convenit pluribus convenit eis secundum unam naturam communem, veritatem habet in his quae de pluribus univoce praedicantur. Bonum autem non praedicatur univoce de omnibus bonis, sicut nec ens de omnibus entibus, cum utrumque circumeat omnia genera. Et hac ratione Aristoteles in I *Ethic.* [com. 6], ostendit quod non est una communis idea boni. *Secundo*, quia dato quod bonum diceretur univoce, et etiam malum, tamen malum cum sit privatio, non dicitur de multis secundum unam intentionem. *Tertio*, dato quod utrumque univocum esset, et utrumque aliquam naturam significaret, posset quidem dici quod communis natura mali oponeretur communi naturae boni; non tamen oporteret quod quodlibet malum opponeretur cuilibet bono; sicut vitium in communi opponitur virtuti in communi: non tamen quodlibet vitium cuilibet virtuti; intemperantia enim non opponitur liberalitati.

Pues lo que se dice, *primero*: que aquello que conviene con muchas cosas, conviene con ellas según una sola naturaleza común, esto es verdadero en aquellas cosas que se predican unívocamente de muchas cosas[38]. Pero lo bueno no se predica unívocamente de todas las cosas buenas, así como tampoco lo ente de todos los entes, puesto que uno y otro envuelven a todos los géneros[39]. Y por esta razón Aristóteles en el libro I de la Ética[40], muestra que no hay una sola idea común de lo bueno. En *segundo* lugar, porque en el supuesto de que lo bueno se dijese unívocamente, y también lo malo, siendo lo malo privación, no se diría de muchas cosas según una única intención. En *tercer* término, dado que uno y otro fuesen unívocos, y uno y otro significasen alguna naturaleza, ciertamente podría decirse que la naturaleza común de lo malo se opondría a la naturaleza común de lo bueno; con todo, no sería necesario que un mal cualquiera se opusiera a un bien cualquiera; así como el vicio en general se opone a la virtud en general; y, sin embargo, no cualquier vicio a cualquiera virtud. En efecto, la intemperancia no se opone a la liberalidad.

---

[38] En la predicación unívoca, todo lo que se dice del predicado se dice también y necesariamente del sujeto.

[39] Son trascendentales y sus conceptos se predican analógicamente.

[40] Aristóteles (1998) *Ética Nicomáquea – Ética Eudemia. Óp. cit.* I. 1096a, 17-34. p. 138.

AD QUINTUM dicendum, quod in hoc quod malum est in bono, non fallit regula Dialecticorum secundum rei veritatem, quia malum non est in bono sibi opposito, ut dictum est; sed fallit secundum quamdam apparentiam, prout malum absolute dictum, et bonum, videntur oppositionem habere.

AD SEXTUM dicendum, quod malum, cum non sit in subiecto, sicut accidens naturale, non causatur ex subiecto sicut nec privatio ex potentia; nec iterum habet exterius causam per se, sed per accidens tantum, ut patebit [infra, quaest. 3], cum de causa mali quaeretur.

AD SEPTIMUM dicendum, quod malum non est sicut in subiecto in bono quod diminuit vel corrumpit; sed potius in bono, secundum quod ens in potentia dicitur bonum.

AD OCTAVUM dicendum, quod quamvis actus secundum se sit bonum, non tamen sequitur quod potentia secundum se sit malum, sed privatio quae opponitur actui. Potentia vero ex hoc ipso quod habet ordinem ad actum, habet rationem boni, ut dictum est [in corp. art.]

AD NONUM dicendum, quod in illa ratione multiplex defectus est. *Primo* enim licet finis sit secundum

A LO QUINTO hay que decir que, en aquello de que lo malo es en lo bueno, no falla la regla de los dialécticos a propósito de la verdad de la cosa: porque lo malo no es en lo bueno opuesto a él, como se ha dicho; pero falla según una cierta apariencia: por cuanto lo malo dicho absolutamente y lo bueno parecen estar en oposición.

A LO SEXTO hay que decir que lo malo, no siendo en un sujeto así como accidente natural, no es causado por el sujeto, así como tampoco la privación por la potencia; ni tampoco tiene externamente causa por sí, sino solo por accidente como será manifiesto cuando se indague [más adelante] acerca de la causa de lo malo.

A LO SÉPTIMO hay que decir que lo malo no es en lo bueno como en un sujeto al que disminuye o corrompe; sino más bien es en lo bueno en cuanto lo ente en potencia se dice bueno.

A LO OCTAVO hay que decir que aunque el acto en sí sea lo bueno, sin embargo, no se sigue que la potencia en sí sea lo malo, sino privación que se opone al acto. La potencia, sin embargo, por el hecho mismo de que se ordena al acto, tiene razón de lo bueno, como se ha dicho.

A LO NOVENO hay que decir que este argumento falla en varios aspectos. Porque, *en primer término,*

se bonum, non tamen solus finis est bonum, sed etiam ea quae ordinantur ad finem, ex ipso ordine habent rationem boni, ut dictum est. *Secundo*, quia licet aliquis finis sit idem cum forma, non tamen sequitur quod omnis finis sit forma: nam in quibusdam etiam ipsa operatio vel usus est finis, ut dicitur in I *Ethic.* [comment. 1]. *Et iterum* cum factum sit quodammmodo finis facientis, dispositio ad formam est finis in artibus quae materiam praeparant; et ipsa materia, secundum quod est facta ab arte divina, hac ratione est bonum et finis, prout ad ipsam terminatur actio creantis.

AD DECIMUM dicendum, quod ratio illa procedit de accidentibus quae consequuntur naturam subiecti, sicut calor consequitur naturam ignis; aliter tamen est de accidente quod est recessus a natura, sicut aegritudo. Non enim sequitur, si aegritudo est accidens animalis, quod quanto animal fuerit fortius, tanto sit magis aegrum, sed quod tanto sit minus aegrum; et eadem ratio est de quolibet malo. Potest tamen dici quod quanto aliquid magis est in potentia et magis aptum ad bonum, tanto peius sit ipsum pri-

aun cuando el fin sea bueno según sí, sin embargo, no solo el fin es bueno, sino también aquellas cosas que se ordenan a un fin tienen por ese mismo orden razón de lo bueno, como se ha dicho. *En segundo término*, porque aun cuando algún fin sea lo mismo que la forma, sin embargo, no se sigue que todo fin sea forma, pues, en algunas cosas incluso la operación misma, o incluso el uso, es un fin, como se dice en el libro I de la *Ética*[41]. Y *de nuevo*, puesto que lo hecho es en cierto modo fin del que hace, la disposición a la forma es un fin en las artes que preparan de antemano la materia; y la materia misma, en cuanto ha sido hecha por el arte divino, por esta razón es bien y fin, según que la acción del que crea se determina en ella misma.

A LO DÉCIMO hay que decir que ese argumento es válido respecto de los accidentes que se siguen de la naturaleza del sujeto, así como el calor se sigue de la naturaleza del fuego; sin embargo, de otro modo es respecto del accidente que es un retroceso de su naturaleza, así como la enfermedad. En efecto, si la enfermedad es un accidente del animal, no se sigue que cuando más fuerte sea el animal, tanto más enfermo, sino tanto menos enfermo, y la misma razón vale acerca de un mal cualquiera. No obstante, puede

---

[41]   *Ibídem*, p. 131.

vari bono. Bonum autem quod est subiectum mali, est potentia; et sic aliquo modo quanto magis est bonum quod est subiectum mali, tanto magis est malum.

decirse que cuanto más algo es en potencia y más apto para lo bueno, tanto peor es que él mismo sea privado de lo bueno. Pero lo bueno que es sujeto de lo malo, es potencia; y así, de algún modo, cuanto más bueno es lo que es sujeto de lo malo, tanto más malo es.

AD UNDECIMUM dicendum, quod subiectum conservat accidens quod naturaliter ei inest. Sic autem malum non est in bono tanquam naturaliter inhaerens bono; et tamen malum non posset esse, si totaliter bonum destrueretur.

A LO DECIMOPRIMERO hay que decir que el sujeto conserva el accidente que es naturalmente en él. Pero lo malo no es en lo bueno así como naturalmente inherente a lo bueno; y sin embargo, lo malo no podría ser si lo bueno fuese totalmente destruido.

AD DUODECIMUM dicendum, quod sicut Augustinus in *Enchir.* [cap. XIII], sententia prophetica est contra eos qui dicunt, bonum, in quantum est bonum, esse malum; non autem est contra eos qui dicunt id quod est secundum aliquid bonum, secundum aliud esse malum.

A LO DECIMOSEGUNDO hay que decir, así como Agustín en *Enquiridión*[42], que la sentencia profética es contra aquellos que dicen que lo bueno, en cuanto bueno, es malo; pero no contra aquellos que dicen que lo que es bueno según algo, es malo según otra cosa.

AD DECIMUMTERTIUM dicendum, quod malum non dicitur esse in bono quasi aliquid positive dictum, sed sicut privatio.

A LO DECIMOTERCERO hay que decir que lo malo no se dice que es en lo bueno como algo dicho positivamente, sino como privación.

AD DECIMUMQUARTUM dicendum, quod non solum id quod est perfectum, habet rationem boni, sed etiam id quod est in potentia ad perfectionem; et in tali bono est malum.

A LO DECIMOCUARTO hay que decir que no solo aquello que es perfecto tiene razón de lo bueno, sino también aquello que es en potencia hacia la perfección; y en lo bueno tal es lo malo.

[42] Agustín de Hippona (1956). *Obras Completas de San Agustín IV. Obras Apologéticas. Óp. cit.* Cap. XIII. pp. 478-481.

ADDECIMUMQUINTUM dicendum, quod id quod est subiectum privationi, licet non sit appetibile ex eo quod est sub privatione, est tamen appetibile ex eo quod est in potentia ad perfectionem; et secundum hanc rationem est bonum.

AD DECIMUMSEXTUM dicendum, quod malum nocet bono composito ex potentia et actu, in quantum aufert ei suam perfectionem; nocet etiam ipsi bono quod est in potentia, non quasi aliquid eius auferens, sed in quantum est ipsa ablatio vel privatio perfectionis cui opponitur.

A LO DECIMOQUINTO hay que decir que aquello que es sujeto de la privación, aunque no sea deseable por el hecho de que está bajo la privación, sin embargo, es deseable por el hecho de ser en potencia hacia la perfección; y según esta razón es bueno.

A LO DECIMOSEXTO hay que decir que lo malo daña lo bueno compuesto de potencia y acto, en cuanto le quita su perfección; incluso daña lo bueno mismo que es en potencia, no como quitando algo de él, sino en cuanto es la carencia misma o la privación de la perfección a la que se opone.

ART. 3

Tertio quaeritur UTRUM BONUM SIT CAUSA MALI. ET VIDETUR QUOD NON.

Dicitur enim *Matth.* VII, 18: *non potest arbor bona fructus malos facere.* Fructus dicitur effectus causae. Ergo bonum non potest esse causa mali.

Praeterea, effectus habet similitudinem in sua causa; quia omne agens agit sibi simile. Sed similitudo mali non praeexistit in bono. Ergo bonum non est causa mali.

Praeterea, ea quae sunt causatorum, substantialiter praeexistunt in causis. Si ergo malum causatur ex

Tercero, se pregunta SI LO BUENO ES CAUSA DE LO MALO[1]. Y PARECE QUE NO.

1 En efecto, se dice en Mt. 7, 18: "Un árbol bueno no puede producir frutos malos"[2]. Y dado que se dice fruto al efecto de una causa. Luego, lo bueno no puede ser causa de lo malo.

2 Además, el efecto tiene similitud en su causa, ya que todo agente produce algo similar a sí[3]. Pero una similitud de lo malo no preexiste en lo bueno. Luego, lo bueno no es causa de lo malo.

3 Además, aquellas cosas que pertenecen a las cosas causadas, preexisten sustancialmente en las causas.

---

[1] Esta pregunta la hace también en: *Suma de Teología.* I. Cuestión. 49. art. 1; I-II. Cuestión 75. art. 1; *Suma Contra Gentiles*, Libro II, cap. 41 y Libro III cap. 10-13; *De Potentia Q. 3, a. 6; De Divinis Nominibus C. 4 Lect 22; y en Scriptum super libros Sententiarum magistri Petri Lombardi episcopi Parisiensis* liber II, Disctintio 34, art. 3.

[2] Mt. 7: 18, *Non potest arbor bona malos fructus facere: neque arbor mala bonos fructus facere:* "No puede un árbol bueno producir frutos malos; ni un árbol malo producir frutos buenos. *Biblia Sacra iuxta Vulgatam Clementinam*, p. 1261. Londres, 2005.

[3] Cf. *Agere vero nihil aliud est quam communicare illud per quod agens est actu, secundum quod est possibile:* "obrar no es otra cosa que comunicar en la medida de lo posible aquello por lo que el agente es en acto". Santo Tomás (2001). *De Potentia Dei.* Cuestiones 1 y 2. *Cuadernos del Anuario Filosófico* N° 124. Pamplona, p. 82. Omne agens agit sibi simile: "todo agente produce algo similar a sí". Santo Tomás (2001). Suma de Teología. I. Cuestión 110, art. 2, p. 934; y Cuestión 115, art. 1, p. 962.

bono, malum substantialiter praeexistit in bono, quod est impossibile.

Praeterea, unum oppositum non est causa alterius. Sed malum opponitur bono. Ergo bonum non est causa mali.

Praeterea, Dionysius dicit IV cap. *De divin. Nomin.* [part. 4], quod malum non est ex bono; et si ex bono est, non est malum.

Sed dicendum, quod bonum, in quantum deficiens, est causa mali. —*Sed contra*, omnis defectus habet rationem mali. Si ergo bonum est causa mali in quantum est deficiens, sequitur quod bonum est causa mali in quantum praehabet in se aliquod malum; et tunc redibit quaestio de illo malo. Aut ergo procedetur in infinitum; aut oportebit reducere in aliquod primum malum quod sit causa mali, aut oportebit dicere quod bonum, inquantum huiusmodi, est causa mali.

Sed dicendum, quod ille defectus qui praeexistit in bono secundum quod est causa mali, non est malum in actu, sed defectibilitas, sive potentia ad defectum. —*Sed contra*, Philosophus dicit in II *Physic.*

Luego, si lo malo es causado por lo bueno, lo malo preexiste sustancialmente en lo bueno, lo que es imposible.

4 Además, un opuesto no es causa de un otro[4]. Pero lo malo se opone a lo bueno. Luego, lo bueno no es causa de lo malo.

5 Además, Pseudo Dionisio dice en el cap. IV del *De los nombres de Dios* que lo malo no nace de lo bueno, y si naciera de lo bueno, no sería malo[5].

6 *Pero hay que decir* que lo bueno, en cuanto deficiente, es causa de lo malo. *Pero contrariamente*, todo defecto tiene razón de lo malo. Por tanto, si lo bueno en cuanto deficiente es causa de lo malo, se sigue que lo bueno es causa de lo malo en cuanto posee con anterioridad en sí algo de malo. Y así, se volverá a la pregunta por aquel mal. Y entonces o se procederá al infinito o será preciso devolverse a algún primer mal que sea causa de lo malo; o será preciso decir que lo bueno, en cuanto tal, es causa de lo malo.

7 *Pero hay que decir* que aquel defecto que preexiste en lo bueno, en cuanto es causa de lo malo, no es malo en acto sino defectibilidad o potencia hacia el defecto. *Pero contrariamente*, el Filósofo dice en el

---

4   Así como un opuesto no es en un otro, como indica el artículo anterior, así tampoco un opuesto es la causa de un otro, salvo por accidente, como se verá más adelante en el *ad quartum* de este artículo.

5   Pseudo Dionisio Areopagita (2007). *Obras Completas. Óp. cit.* Cap. IV, 19, p. 45.

[comment. 34], quod causae secundum potentiam comparantur effectibus secundum potentiam, et causae secundum actum comparantur effectibus secundum actum. Ex hoc ergo quod est aliquid potens deficere, non est causa defectus in actu, quod est malum in actu.

Praeterea, posita causa sufficienti ponitur effectus, quia de ratione causae est quod faciat debere esse effectum. Sed non quandocumque est defectibilitas in aliqua creatura, invenitur in ea malum in actu. Sit ergo aliquid defectibile nondum deficiens in instanti quod est A, in B autem deficiat actu. Aut ergo aliquid advenit in B, quod non erat in A, aut nihil. Si nihil, non deficiet in B, sicut non deficiebat in A; si autem aliquid additum est, aut est bonum, aut malum. Si malum, erit abire in infinitum sicut prius: si bonum, ergo bonum, in quantum huiusmodi, est causa mali; et sic sequitur quod magis bonum sit causa magis mali, et summum bonum causa summi mali. Non ergo bonum, in quantum est deficiens, est causa mali.

libro II de la *Física*[6] que las causas según la potencia se comparan con los efectos según la potencia y las causas según el acto se comparan con los efectos según el acto. Por tanto, el hecho de que haya algo que pueda fallar, no es causa del defecto en acto, que es lo malo en acto.

8 Además, expuesta la causa suficiente, se expone el efecto, porque pertenece a la razón de la causa [el hacer] que haga que el efecto deba ser[7]. Pero no siempre que exista defectibilidad en alguna criatura se encuentra en ella lo malo en acto. Por tanto, algo que exista defectible, aún no deficiente, en la instancia A, en B, sin embargo, es deficiente en acto. Entonces, o bien algo ocurre en B que no era en A, o nada. Si es nada, no será deficiente en B, así como no era deficiente en A; pero si algo se ha agregado, o es bueno o malo. Si es malo, habrá que ir al infinito así como antes; si es bueno, entonces, lo bueno, en cuanto tal, es causa de lo malo; y así se sigue que lo más bueno es causa de lo más malo, y lo bueno sumo, causa de lo malo sumo[8]. Luego, lo bueno, en cuanto es deficiente, no es causa de lo malo.

---

[6]   Aristóteles (1995). *Física*. 195b, pp. 25-28.

[7]   "Propiamente se llama causa a aquello de lo cual, por necesidad sigue algo". Véase más adelante, en este mismo artículo, luego del *Respondeo*, el 3er "hay que *decir*".

[8]   Lo que se discute desde el argumento 8° hasta el 13° es que lo bueno, en cuanto deficiente, pueda ser causa de lo malo. Queda, entonces, que lo bueno en cuanto bueno pueda ser causa de lo malo, lo que parece inconveniente; o que *de ningún modo* lo sea, que es la hipótesis de todos estos argumentos.

Praeterea, omne bonum in quantum est creatum, est potens deficere. Si ergo bonum, in quantum est potens deficere, est causa mali, sequitur quod bonum, in quantum est creatum, sit causa mali. Sed semper bonum creatum manet creatum. Ergo semper erit causa mali, quod est inconveniens.

9 Además, todo lo bueno, en cuanto ha sido creado, es capaz de volverse deficiente. Luego, si lo bueno, en cuanto es capaz de volverse deficiente, es causa de lo malo, se sigue que lo bueno, en cuanto ha sido creado, es causa de lo malo. Pero siempre lo bueno creado se mantiene como creado. Luego, siempre será causa de lo malo, lo que no es conveniente[9].

Praeterea, si bonum, inquantum deficiens actu vel potentia, est causa mali, sequitur quod Deus, qui nullo modo est deficiens nec actu nec potentia, non possit esse causa mali: quod est contra illud quod dicitur *Is.*, XLV, 7: *Ego Dominus creans malum*; et *Amos*, III, 6: *Non est malum in civitate quod Deus non fecerit*. Ergo bonum non est causa mali in quantum est deficiens.

10 Además, si lo bueno en cuanto es deficiente, ya sea en acto o en en potencia, es causa de lo malo, se sigue que Dios, que de ninguna manera es deficiente ni en acto ni en potencia, no puede ser causa de lo malo; lo que va contra aquello que se dice en *Is.* XLV, 7: "Yo, El Señor que creo lo malo"[10]; y en *Am*, III, 6: "No existe en la ciudad algún mal que Dios no haya creado"[11]. Luego, lo bueno en cuanto es deficiente, no es causa de lo malo.

Practerea, sicut se habet perfectio ad bonum, ita se habet defectus ad malum. Ergo commutatim, sicut se habet defectus ad bonum, ita se habet perfectio ad malum. Sed aliquis

11 Además, así como se halla la perfección en relación con lo bueno, así se halla el defecto en relación con lo malo. Luego, a la inversa, así como se halla el defecto en re-

[9] Que lo creado sea causa de lo malo va contra el principio que dice que todo lo que es (y por tanto, todo lo creado) es bueno: Nada puede ser causa sino en cuanto es ente; pero todo ente en cuanto tal, es bueno". Cf. Santo Tomás (2001a). C. 49, art. 1.

[10] Is. 45:(6)7, ego Dominus et non est alter: *formans lucem et creans tenebras, faciens pacem et creans malum: ego Dominus faciens omnia hæc*: Yo soy el Señor, y no existe otro; [Soy] el que forma la luz y crea las tinieblas; el que hace la paz y crea lo malo; Yo soy el Señor, que hace todas estas cosas. *Biblia Sacra iuxta Vulgatam Clementinam,* p. 894. Londres, 2005.

[11] Am. 3:6, *Si clanget tuba in civitate, et populus non expavescet? si erit malum in civitate, quod Dominus non fecerit?* Si resuena la trompeta en la ciudad el pueblo no se aterroriza? Si existiese el mal en la ciudad, no lo habría creado El Señor? *Biblia Sacra iuxta Vulgatam Clementinam,* p. 1152. Londres, 2005.

defectus, in quantum est defectus, est causa boni; sicut fides in quantum est visio aenigmatica, quod ad defectum visionis pertinet, est causa meriti. Ergo bonum, in quantum est perfectum et non in quantum est deficiens, potest esse causa mali.

lación con lo bueno, así se halla la perfección en relación con lo malo. Pero, más de un defecto[12], en cuanto defecto, es causa de lo bueno; así como la fe en cuanto es visión oscura, que corresponde a un defecto de la visión, es causa de mérito[13]. Luego, lo bueno, en cuanto es perfecto y no en cuanto es deficiente, puede ser causa de lo malo[14].

Praeterea, ad operandum tria requiruntur: ratio dirigens, voluntas imperans et potentia exequens. Sed defectus in ratione, qui est ignorantia, excusat a malo, id est a culpa, et sic non est causa mali; et similiter defectus potentiae, qui est infirmitas, excusat. Ergo et defectus qui est in voluntate excusat. Non ergo voluntas, in quantum est bonum deficiens, est causa mali.

12 Además, para obrar se requieren tres cosas: una razón que dirige, una voluntad que manda y una potencia que ejecuta. Pero, el defecto en la razón, que es la ignorancia, excusa de lo malo, esto es, de la culpa y, así, no es causa de lo malo; y similarmente excusa el defecto de la potencia, que es la debilidad. Luego, también excusa el defecto que es en la voluntad. Luego, la voluntad, en cuanto es lo bueno deficiente, no es causa de lo malo.

Praeterea, si voluntas, in quantum est deficiens, est causa mali; aut

13 Además, si la voluntad, en cuanto es deficiente, es causa de lo malo;

---

[12] Traducimos esta vez *aliquis* por "más de un", traducción que desde un punto de vista lógico es lícita. Lo que se quiere decir es que en más de un caso un defecto produce algo bueno y no algo malo.

[13] Santo Tomás se refiere aquí a que la visión enigmática es una visión defectuosa en tanto es incapaz de mostrar la verdad absoluta, que es la verdad de Dios, pero gracias a la fe, a la promesa de ser uno con Dios, ese defecto de la visión, especular o enigmática, tiene un final bueno, es causa de. La visión es la representación de la cosa en el ojo, ya sea una cosa concreta y conocida, un árbol, por ejemplo, o de algo menos concreto pero visible, la luz filtrada por el vitral de una catedral; incluso de algo que solo se conoce en teoría, pero se tiene una imagen de ello, un unicornio o una mantícora; pero de la verdad absoluta, de Dios, es imposible tener una idea completa o absoluta; entonces, el sujeto la ve como un algo o bien especular o bien enigmático, oscuro; tanto uno como el otro son cosas imperfectas, visiones imperfectas de algo que se sabe perfecto. Cf. 1 Co. 13, 12: *Videmus nunc per speculum in ænigmate: tunc autem facie ad faciem. Nunc cognosco ex parte: tunc autem cognoscam sicut et cognitus sum.* "Ahora vemos como por un espejo, en enigma; entonces [Lo veremos] cara a cara. Ahora Lo conozco [solo] en parte; entonces Lo conoceré como yo soy conocido". *Biblia Sacra iuxta Vulgatam Clementinam,* p. 1424. Londres, 2005. (véase: Santo Tomas (2001). *Suma de Teología* I. *C. 12, art. 2.*

[14] Volviendo así a la paradoja de que lo bueno en cuanto tal sea causa de lo malo.

ergo in quantum est deficiens a bono quod debet ei inesse; et haec est poena, et sic poena praecederet culpam; aut a bono quod non debet ei inesse, et ex tali defectu nullum malum sequitur; non enim aliquod malum sequitur in lapide ex hoc quod non habet visum. Nullum ergo bonum est causa mali in quantum est deficiens.

o bien lo es en cuanto es deficiente de lo bueno que debe existir en ella, y este es un castigo —y así, el castigo antecedería a la culpa[15]—; o bien de lo bueno que no debe existir en ella, y de tal defecto no se sigue ningún mal. Por cierto, ningún mal se sigue en la piedra por el hecho de que no tiene vista. Luego, ningún bien, en cuanto deficiente, es causa de lo malo.

Sed dicendum, quod bonum, in quantum huiusmodi, potest esse causa mali, sed per accidens. —*Sed contra*, actio agentis per accidens attingit ad effectum, sicut actio effodientis sepulcrum attingit ad thesaurum inventum. Si ergo bonum est causa mali per accidens, sequitur quod actio boni pertingit ad ipsum malum; quod videtur inconveniens.

14 *Pero hay que decir* que lo bueno, en cuanto tal, puede ser causa de lo malo, pero por accidente. *Pero contrariamente*, la acción del que actúa por accidente se extiende al efecto, así como la acción del que cava un sepulcro se extiende al tesoro encontrado. Luego, si lo bueno es causa de lo malo por accidente, se sigue que la acción de lo bueno se extiende hasta lo malo mismo, lo que parece incongruente[16].

Praeterea, agens aliquid illicitum praeter intentionem non peccat, sicut si aliquis intendat percutere hostem, et percutiat patrem. Per accidens autem causa alicuius est quod non intendit ipsum. Si ergo malum non habet causam nisi per

15 Además, el que hace algo ilícito, más allá de la intención, no peca; así como si alguien intenta golpear a un enemigo, y golpea a su padre. Pero por accidente la causa de algo es en cuanto no se intenta lo mismo[17]. Luego, si lo malo no

---

[15] Detrás de este argumento está la paradoja ya descrita por Agustín, de la inocencia perdida: o nunca el hombre fue inocente (siempre lo precedió la culpa) o nunca ha sido culpable. Cf. Agustin de Hippona (1963). *Obras Completas de San Agustín III. Obras Filosóficas. Del Libre Albedrío*. Libro III. Cap. XVIII, pp. 378-381. Madrid-BAC.

[16] La acción de cavar se extiende "físicamente" hasta el encuentro del tesoro (Aristóteles (1982) *Metafísica*. Libro V, 1025a, 16-17). Así, la acción buena, en cuanto tal, debería extenderse físicamente hasta lo malo. Lo que parece incongruente. A partir de este argumento, todos los que siguen pretenden rebatir la posibilidad de que el mal se explique por un bien que actúa accidentalmente.

[17] "Al margen de la intencionalidad" debe entenderse en un sentido más general, como "al margen de la finalidad" implícita en todo movimiento humano o no humano.

accidens, sequitur quod nullus faciendo malum peccat; quod est inconveniens.

Praeterea, omnis causa per accidens reducitur ad causam per se. Si ergo malum habeat causam per accidens, videtur sequi quod malum haberet causam per se.

Praeterea, illud quod provenit per accidens, provenit ut in paucioribus. Sed malum provenit ut in pluribus; quia, ut dicitur *Eccle.* I, 15: *Stultorum infinitus est numerus.* Ergo malum habet causam per se, et non per accidens.

Praeterea, natura est causa per se eorum quae naturaliter fiunt, ut dicitur II *Physic.* [comm. 3 et seq.]. Sed aliqua mala fiunt naturaliter, scilicet corrumpi et senescere, ut dicitur in V *Physic.* Ergo non est

16 Además, toda causa por accidente se reduce a la causa por sí[18]. Luego, si lo malo tiene causa por accidente parece seguirse que lo malo tendría causa por sí.

17 Además, lo que sucede por accidente sucede en la menor cantidad de cosas[19]. Pero lo malo sucede en la mayor cantidad de cosas, porque, como se dice en *Ec* 1, 15: "De los necios infinito es el número"[20]. Luego, lo malo tiene causa por sí y no por accidente.

18 Además, la naturaleza es causa por sí de aquellas cosas que se producen naturalmente, como se dice en el libro II de la *Física*[21]. Pero algunas cosas malas suceden naturalmente, como corromperse y envejecer,

(primera columna, continuación superior:) tiene causa a no ser por accidente, se sigue que nadie peca al hacer el mal; lo que es inconveniente.

---

[18] Hay dos tipos de causa, lo que es y lo que es por accidente. Y causa por sí de algo es lo es por su propia virtud causa de eso: así como el agua es causa de enfriamiento. Por el contrario, es causa de algo por accidente lo que indirectamente lo causa: quitando el fuego de la casa causa el enfriamiento de ella. Ahora bien: *Quod duplex est causa per accidens. Una quae aliquid operatur ad effectum; sed dicitur causa eius per accidens, quia praeter intentionem ille effectus a tali causa sequitur; sicut patet in eo qui fodiendo sepulcrum, invenit thesaurum. Alia causa per accidens est quae nihil operatur ad effectum; sed ex eo quod accidit causae agenti, causa per accidens nominatur; sicut album dicitur esse causa domus per accidens, eo quod accidit aedificatori [...];* "De dos maneras es la causa por accidente: aquella que produce un efecto. Y se dice por accidente porque aquel efecto se sigue al margen de la intención de tal causa, como se evidencia en el hecho de que alguien, cavando un sepulcro, encuentre un tesoro; otra causa por accidente es aquella que no produce ningún efecto pero que por el hecho de ocurrirle a la causa agente, se la llama causa por accidente, así como lo blanco se dice causa por accidente, de una casa, por el hecho de que le ocurre al constructor [el ser blanco]. Véase Santo Tomás. *De Potentia Dei.* Quaestio III, ad sextum.

[19] *In paucioribus.* Podría también entenderse en sentido temporal: la menor cantidad de veces, en contraposición a lo que se produce siempre o las más de las veces. Véase Aristóteles (1995). 196b 10.

[20] Ec. I:15, *Perversi difficile corriguntur, et stultorum infinitus est numerus:* "Los perversos son difíciles de corregir y los necios son en número infinito". *Biblia Sacra iuxta Vulgatam Clementinam,* p. 705. Londres, 2005.

[21] Aristóteles (1995) *Física.* II, 1, 192b-193b, 20.

dicendum quod bonum sit causa mali per accidens.

Praeterea, bonum est actus et potentia. Sed neutrum est causa mali; nam forma quae est actus, privatur per malum; bonum autem quod est potentia, se habet ad utrumque, scilicet ad bonum et ad malum. Ergo nullum bonum est causa mali.

SED CONTRA. Est quod Augustinus dicit, in *Enchir.* [cap. XIV et XV], quod malum non potest oriri nisi ex bono.   1

Praeterea, Dionysius dicit IV cap. De divin. Nomin., quod omnium malorum principium et finis est bonum.

RESPONDEO. Dicendum quod causa mali est bonum, eo modo quo malum causam habere potest. Sciendum est enim, quod malum causam per se habere non potest. Quod quidem tripliciter apparet.

como se dice en el libro V de la *Física*[22]. Luego, no hay que decir que lo bueno sea causa de lo malo por accidente.

19 Además, lo bueno es acto y potencia. Pero ninguno es causa de lo malo, ya que la forma, que es acto, es privada por lo malo; y lo bueno, que es potencia, se relaciona con ambos; es decir, con lo bueno y con lo malo. Luego, ningún bien es causa de lo malo[23].

1 *PERO, POR EL CONTRARIO,* está lo que dice Agustín en *Enquiridión*: que lo malo no puede surgir a no ser de lo bueno[24].

2 Además, Pseudo Dionisio dice en el cap. IV de *De Los Nombres de Dios*, que de todas las cosas malas lo bueno es principio y fin[25].

RESPONDO. Hay que decir que la causa de lo malo es lo bueno, en el modo en que lo malo puede tener causa. Hay que saber, en efecto, que lo malo no puede tener causa por sí. Lo que en verdad se muestra de tres modos.

---

[22]   *Ibídem*, V, 10, 230a, 25-30.

[23]   El argumento puede expresarse así: cabe entender lo bueno ya sea como algo actualmente bueno —esta acción justa, por ejemplo— ya sea como algo potencialmente bueno –*v.gr.* la voluntad. Y ni en uno ni en el otro caso lo bueno puede ser causa de lo malo. No, en el primer caso, porque lo malo justamente priva a algo de la forma, que es acto. Y resulta contradictorio que algo que es bueno por su acto sea la privación de ese acto. Pero tampoco lo bueno en potencia explica el mal, pues un bien en potencia puede ser causa tanto de una cosa buena como de una cosa mala.

[24]   Agustín de Hippona (1956). *Obras Completas de San Agustín IV. Obras Apologéticas. Óp. cit.* Cap. XIV y XV, pp. 480-483. Madrid-BAC.

[25]   Pseudo Dionisio Areopagita (2007). *Obras Completas. Óp. cit.* cap. IV, 18, pp. 44-45.

Primo quidem, quia illud quod per se causam habet, est intentum a sua causa; quod enim provenit praeter intentionem agentis, non est effectus per se, sed per accidens; sicut effossio sepulcri per accidens est causa inventionis thesauri, cum provenit praeter intentionem fodientis sepulcrum. Malum autem, in quantum huiusmodi, non potest esse intentum, nec aliquo modo volitum vel desideratum; quia omne appetibile habet rationem boni, cui opponitur malum in quantum huiusmodi. Unde videmus quod nullus facit aliquod malum nisi intendens aliquod bonum, ut sibi videtur; sicut adultero bonum videtur quod delectatione sensibili fruatur, et propter hoc adulterium committit. Unde relinquitur quod malum non habeat causam per se.

Secundo idem apparet, quia omnis effectus per se habet aliqualiter similitudinem suae causae, vel secundum eamdem rationem, sicut in agentibus univocis, vel secundum deficientem rationem, sicut in agentibus aequivocis; omnis enim

Primero, porque aquello que tiene causa por sí, es por su causa que posee intención. Pues, sin duda, lo que ocurre más allá de la intención del agente no es efecto por sí, sino por accidente[26]: así, la excavación de un sepulcro es causa por accidente del hallazgo del tesoro cuando ocurre más allá de la intención del que cava el sepulcro. Pero lo malo en cuanto tal no puede ser objeto de la intención, ni de algún modo ser objeto de la voluntad o del deseo, puesto que todo lo apetecible tiene razón de bueno, a lo cual se opone lo malo en cuanto tal. De donde vemos que nadie hace algo malo a no ser que intente algo bueno, como lo parece[27]; así como para el adúltero parece bueno disfrutar del placer sensible, y por eso comete adulterio. De donde resta que lo malo no tiene causa por sí.

Segundo, es igualmente evidente que todo efecto tiene por sí similitud de algún modo con su causa, ya sea según su misma razón, como en los agentes unívocos; ya sea según una razón deficiente, como en los agentes equívocos[28]. Sin duda que

---

[26] *Praeter intentionem.* El agente se mueve y actúa siguiendo una finalidad —la conozca o no—. Y a este movimiento hacia un fin es a lo que se le denomina "intención" (véase antes el parágrafo 15 de este mismo artículo). Ahora bien, solo la intencionalidad de la causa por sí se transfiere al efecto. Si alguien, en cambio, queriendo abrir la puerta de su casa abre la del vecino, lo que ocurre a continuación no estaba en la intencionalidad de la causa. Lo que ocurre, ocurre incluso en el sentido común del término, "por accidente".

[27] Todo agente actúa en vistas de algún bien, aunque este bien sea engañoso y aparente; aunque solo a sus ojos sea un bien. El que hace un mal lo hace porque le parece un bien. En cierto sentido se acerca a la tesis socrática que dice que se hace el mal por ignorancia.

[28] Agente unívoco es aquel que produce algo específicamente semejante a sí: dos seres humanos producirán otro ser humano. Agente equívoco, por su parte, es el que produce algo específicamente diverso, aunque dentro de su naturaleza (o intelecto): un hombre produce un poema.

causa agens agit secundum quod actu est, quod pertinet ad rationem boni. Unde malum, secundum quod huiusmodi, non assimilatur causae agenti secundum id quod est agens. Relinquitur ergo quod malum non habeat causam per se.

toda causa agente, en cuanto es en acto, produce lo que pertenece a la razón de lo bueno. De donde lo malo en cuanto tal, no es similar a la causa agente en cuanto agente. Luego, resta que lo malo no tiene causa por sí.

Tertio idem apparet ex hoc quod omnis causa per se, habet certum et determinatum ordinem ad suum effectum; quod autem fit secundum ordinem non est malum, sed malum accidit in praetermittendo ordinem.

Tercero, lo mismo se muestra por el hecho de que toda causa por sí tiene un orden cierto y determinado en relación con su efecto, y lo que se produce según un orden no es malo, sino que lo malo acaece al omitir un orden.

Unde malum, secundum quod huiusmodi, non habet causam per se, oportet tamen quod malum aliquo modo causam habeat. Manifestum est enim, cum malum non sit aliquid per se existens, sed sit aliquid inhaerens, ut privatio (quae quidem est defectus eius quod est natum inesse et non inest), quod esse malum non naturaliter inest ei cui inest. Si enim aliquis defectus est alicui rei naturaliter, non potest dici quod sit malum eius, sicut non est malum homini non habere alas, nec lapidi non habere visum, quia est secundum naturam. Omne autem ens quod non naturaliter inest alicui, oportet habere aliquam causam; non enim aqua esset calida

De donde lo malo en cuanto tal no tiene causa por sí y, sin embargo, es preciso que de algún modo lo malo tenga una causa. Sin duda, es manifiesto que no siendo lo malo algo existente por sí, sino algo inherente como la privación (que, por cierto, es un defecto de aquello que ha nacido para ser-en y [resulta que] no es-en), el ser malo es no naturalmente inherente a aquello a lo cual es inherente[29]. De hecho, si algún defecto es natural para alguna cosa, no puede decirse que eso sea lo malo de ella, así como no es malo para el hombre no tener alas, ni para la piedra no tener visión, porque es [así] según su naturaleza[30]. Pero todo ente que no es na-

---

[29]   *Inesse*, ser en; *inhaerens*, que es en. Así como "privación" se dice de la falta, de lo que debiera ser inherente *por naturaleza* a algo, así, "malo" se dice de lo que no debiendo ser en algo (por naturaleza) de hecho lo es. Y de este ser no existente por sí, sino, en cierto sentido, por inherencia, es del que tenemos que examinar su causa.

[30]   Defecto debe entenderse como falta de ser, en contraposición a lo perfecto, que es aquello a lo que no le falta nada de lo que debe tener por naturaleza.

nisi ab aliqua causa. Unde relinquitur quod omne malum habeat aliquam causam, sed per accidens, ex quo per se causam habere non potest. Omne autem quod est per accidens, reducitur ad id quod est per se. Si autem malum non habeat causam per se, ut ostensum est, relinquitur quod solum bonum habet causam per se. Nec potest per se causa boni esse nisi bonum, cum causa per se causet sibi simile. Relinquitur ergo quod cuiuslibet mali, bonum sit causa per accidens.

Contingit autem et malum, quod est defectivum bonum, esse causam mali; sed tamen oportet devenire ad hoc quod prima causa mali non sit malum, sed bonum. Est ergo duplex modus quo malum causatur ex bono. *Uno modo* bonum est causa mali in quantum est deficiens; *alio modo* in quantum est per accidens.

Quod quidem *in rebus naturalibus* de facili apparet; huius enim mali quod est corruptio aquae, causa est virtus ignis activa. Quae quidem non principaliter intendit et per

turalmente en algo es preciso que tenga alguna causa; en efecto, el agua no sería caliente si no es por alguna causa. De donde resta que todo lo malo tiene alguna causa, pero por accidente, por el hecho de que no puede tener una causa por sí. Además, todo lo que es por accidente se reduce a lo que es por sí. Pero si lo malo no tiene causa por sí, como se ha mostrado, resta que solo lo bueno tiene una causa por sí. Y la causa de lo bueno por sí no puede ser sino lo bueno, puesto que la causa por sí causa algo similar a sí. Luego, resta que de cualquier mal, lo bueno es causa por accidente.

Pero, ocurre también que lo malo, que es lo bueno defectivo, es causa de lo malo[31]. En todo caso, es preciso llegar al hecho de que la causa primera de lo malo no es lo malo, sino lo bueno. Luego, hay un doble modo por el cual lo bueno es causa de lo malo. *De un modo*, lo bueno en cuanto deficiente es causa de lo malo; *de otro modo,* en cuanto es por accidente.

Esto, por cierto, es fácilmente evidente *en las cosas naturales*; en efecto, la virtud activa del fuego es la causa de este mal, que es la corrupción del agua. Esta no intenta[32] princi-

---

[31] Absolutamente hablando, lo malo es causado, por accidente, por lo bueno. Sin embargo, no solo lo bueno en cuanto a causa accidental, produce lo malo: también lo bueno lo produce en cuanto es defectivo. "Acontece, pues, que también lo malo…". Tenemos, así, que en algún sentido, lo malo es causa de lo malo; pero este mal, en todo caso, es un bien defectivo. En lo que sigue Sto. Tomás demostrará que este bien defectivo se reduce al otro, al que actúa accidentalmente en la producción del mal. De modo que

se non esse aquae, sed principaliter intendit formam ignis inducere in materiam, cui coniungitur ex necessitate non esse aquae; et sic per accidens est quod ignis faciat aquam non esse. Huius vero mali quod est monstruositas partus, causa est virtus deficiens in semine. Sed si quaeratur causa huius defectus quod est malum seminis, erit devenire in aliquod bonum quod est causa mali per accidens, et non in quantum est deficiens. Huius enim defectus qui est in semine, causa est aliquod principium alterans, quod inducit qualitatem contrariam qualitati quae requiritur ad bonam dispositionem seminis. Cuius alterantis virtus quanto fuerit perfectior, tanto hanc qualitatem contrariam magis inducet, et per consequens defectum seminis consequentem. Unde malum seminis non causatur ex bono in quantum est deficiens; sed causatur ex bono in quantum est perfectum, sed per accidens.

In voluntariis autem quodammodo similiter se habet, sed non quantum ad omnia. Manifestum est enim quod delectabile secundum sensum movet voluntatem adulte-

palmente y por sí el no ser del agua, sino que, principalmente intenta inducir la forma del fuego en la materia, a la cual el no ser del agua se une necesariamente; y así, por accidente es que el fuego hace que el agua no sea. En cambio, la causa de un mal, como es una monstruosidad parida, es la virtud deficiente de la simiente[33]. Pero si se busca la causa de este defecto que es lo malo del semen, habría que llegar a algo bueno que es causa por accidente de lo malo, y no en cuanto deficiente. Pues, de este defecto que está en el semen, la causa es algún principio alterador, que introduce la cualidad contraria a la cualidad que se requiere para la buena disposición de la simiente. Cuanto más perfecta haya sido la virtud de este alterador, tanto más introducirá esta cualidad contraria y, en consecuencia, el defecto consiguiente del semen. De donde, lo malo del semen no es causado por lo bueno en cuanto es deficiente, sino que es causado por lo bueno en cuanto es perfecto, pero por accidente[34].

Y en las cosas voluntarias, en cierto modo se tiene algo similar, pero no respecto de todas las cosas. Es manifiesto, sin duda, que lo deleitable según los sentidos mueve la

---

puede decirse que la causa del mal es el bien, en el modo en que lo malo puede tener causa. Aunque ya hemos visto que es imposible que lo malo sea causa de lo malo: lo malo no puede tener causa por sí.

[32] *Intendit*: que expresa intencionalidad, que está dirigida por una intención o un deseo.

[33] Véase Aristóteles (1995a) *Física*. 199a 35-199b 10.

[34] Algo bueno, sin falla, pero que por accidente entra en una relación que no es la suya.

ri, et afficit eam ad delectandum tali delectatione, quae excludit ordinem rationis et legis divinae; quod est malum morale. Si ergo ita esset quod voluntas ex necessitate reciperet impressionem delectabilis allicientis, sicut ex necessitate corpus naturale recipit impressionem agentis, omnino idem esset in voluntariis et naturalibus. Non est autem sic, quia quantumcumque exterius sensibile alliciat, in potestate tamen voluntatis est recipere vel non recipere; unde mali quod accidit ex hoc quod recipit, non est causa ipsum delectabile movens, sed magis ipsa voluntas. Quae quidem est causa mali secundum utrumque praedictorum modorum, scilicet et per accidens, et in quantum est bonum deficiens.

Per accidens quidem, in quantum voluntas fertur in aliquid quod est bonum secundum quid, sed habet coniunctum quod est simpliciter malum; sed *ut bonum deficiens*, in quantum in voluntate oportet praeconsiderare aliquem defectum ante ipsam electionem deficientem, per quam eligit secundum quid bonum, quod est simpliciter malum; quod sic patet.

voluntad del adúltero, y obra sobre ella para que se deleite en tal deleite que excluye el orden de la razón y de la ley divina: lo que es un mal moral. Pues, si fuese de tal modo que la voluntad recibiera por necesidad la impresión de lo deleitable que atrae así como el cuerpo natural recibe por necesidad la impresión del agente, en todo sería lo mismo en las cosas voluntarias y en las naturales. Pero no es así, puesto que por más que atraiga lo sensible externo, sin embargo, está en la potestad de la voluntad el acoger o bien el no acoger, de donde, de lo malo que ocurre por el hecho de acoger, no es causa de lo deleitable mismo que mueve sino más la voluntad misma. Esta es causa de lo malo según cada uno de los modos antedichos, esto es, tanto por accidente como en cuanto es un bien deficiente.

Por accidente, en cuanto la voluntad es llevada a algo que es bueno relativamente, pero unido a algo que es absolutamente malo. Y *como bien deficiente*, en cuanto es preciso considerar de antemano en la voluntad algún defecto frente a la elección deficiente misma por la que elige lo relativamente bueno, que es absolutamente malo. Lo que es así evidente[35].

---

[35] Resulta difícil una traducción fiel y a la vez comprensible de este pasaje. El punto central es que la voluntad misma es la causa de los males en la esfera de los actos voluntarios (*in voluntariis*). Y es causa en los dos sentidos ya señalados: a) *causa accidental*, en cuanto la voluntad se inclina a algo bueno solo en sentido relativo (*secundum quid*) –por ejemplo: lo deleitable para los sentidos– pero unido a algo malo

In omnibus enim quorum unum debet esse regula et mensura alterius, bonum in regulato et mensurato est ex hoc quod regulatur et conformatur regulae et mensurae; malum vero ex hoc quod est non regulari vel mensurari. Si ergo sit aliquis artifex qui debeat aliquod lignum recte incidere secundum aliquam regulam, si non directe incidat, quod est male incidere, haec mala incisio causabitur ex hoc defectu quod artifex erat sine regula et mensura. Similiter delectatio et quodlibet aliud in rebus humanis est mensurandum et regulandum secundum regulam rationis et legis divinae; unde non uti regula rationis et legis divinae praeintelligitur in voluntate ante inordinatam electionem.

Huiusmodi autem quod est non uti regula praedicta, non oportet aliquam causam quaerere; quia ad hoc sufficit ipsa libertas voluntatis, per quam potest agere vel non agere; et hoc ipsum quod est non attendere actu ad talem regulam in se consideratam, non est malum nec culpa nec poena; quia anima non tenetur nec potest attendere ad huiusmodi regulam semper in actu; sed ex hoc accipit primo rationem culpae, quod sine actuali

De hecho, en todas las cosas de las cuales cada una debe ser regla y medida de la otra, lo bueno es, en lo regulado y medido, por el hecho de que se regula y se conforma a la regla y a la medida; en cambio, lo malo es [malo] por el hecho de no ser regulado o medido. Así, si hay algún artífice que deba cortar correctamente cierto madero, según alguna regla, si no lo corta en línea recta —lo que es cortarlo mal—, este mal corte será causado por este defecto: que el artífice no tenía regla ni medida. Similarmente, el deleite, y cualquier otra cosa en las cosas humanas, debe medirse y regularse según la regla de la razón y de la ley divina; de donde el no usar la regla de la razón y de la ley divina se presupone en la voluntad ante una elección desordenada.

Pero de este modo, que es el no usar la regla antedicha, no es preciso buscar alguna causa porque para esto basta la libertad misma de la voluntad, por la cual puede actuar o no actuar; y el hecho mismo de no observar en acto tal regla considerada en sí, no es malo, ni es culpa ni castigo; porque el alma no es forzada a seguir ni puede observar siempre en acto una regla de este tipo; pero, a partir de esto, recibe primero la razón de la culpa, por-

---

absolutamente (*simpliciter*): el adulterio, por ejemplo; b) *causa deficiente*, porque esta elección del bien relativo supone ya algún defecto causa de la mala elección. Es lo que se dirá a continuación ("Lo que es así evidente.")

consideratione regulae procedit ad huiusmodi electionem; sicut artifex non peccat in eo quod non semper tenet mensuram, sed ex hoc quod non tenens mensuram procedit ad incidendum; et similiter culpa voluntatis non est in hoc quod actu non attendit ad regulam rationis vel legis divinae; sed ex hoc quod non habens regulam vel mensuram huiusmodi, procedit ad eligendum; et inde est quod Augustinus dicit in XII de *Civit. Dei* [cap. VI et VII, et lib. XIV, capit. XIII], quod voluntas est causa peccati in quantum est deficiens; sed illum defectum comparat silentio vel tenebris, quia scilicet defectus ille est negatio sola.

AD PRIMUM ergo dicendum, quod, sicut Augustinus solvit in *Enchir.* [cap. XV], per arborem intelligitur voluntas, per fructum intelligitur opus exterius. Sic ergo intelligendum est, quod arbor bona non potest fructus malos facere, quia ex bona voluntate non procedit opus malum, sicut nec ex mala voluntate procedit opus bonum. Sed tamen et ipsa voluntas est ex ali-

que sin una consideración real de la regla procede a una elección de este tipo: así como el artífice no peca en aquello en lo que no siempre tiene la medida, sino por el hecho de que no teniendo la medida procede a cortar; y similarmente la culpa de la voluntad no es porque no observe en acto la regla de la razón o de la ley divina, sino por el hecho de que no teniendo regla o medida de este tipo, procede a elegir; y de allí es que Agustín dice en el libro XII de *La Ciudad de Dios* que la voluntad es causa del pecado en cuanto es deficiente; y compara ese defecto al silencio o a las tinieblas, porque evidentemente ese defecto es solo negación[36].

Luego, A LO PRIMERO hay que decir que, así como Agustín explica en *Enquiridión*: por árbol se entiende la voluntad, por fruto se entiende la obra exterior[37]. Luego, así hay que entender que un árbol bueno no puede producir frutos malos, porque de la buena voluntad no procede la obra mala, así como tampoco de la mala voluntad procede la obra buena. Sin embargo, incluso la voluntad misma proviene de algo

---

[36] "Que nadie se empeñe en encontrar una causa eficiente de la mala voluntad. No es eficiente la causa sino deficiente, puesto que la mala voluntad no es una eficiencia sino una deficiencia. Así es: apartarse de lo que es en grado supremo para volverse a lo que es en menor grado; he aquí el comienzo de la mala voluntad. Querer encontrar las causas de estas defecciones, dado que no son eficientes sino deficientes, es como si alguien quisiera ver las tinieblas u oír el silencio". Agustín de Hippona (1995). *Obras Completas de San Agustín XVI. Óp. cit.* Libro XII, cap. VII, p. 804. Madrid-BAC.

[37] Agustín de Hippona (1956). *Obras Completas de San Agustín IV. Obras Apologéticas. Óp. cit.* Cap. XV, pp. 482-483.

quo bono, sicut et ipsa mala arbor causatur ex terra bona. Sicut enim supra dictum est, si aliquis effectus malus causetur ex causa mala, quae est bonum deficiens; tamen oportet devenire ad hoc quod malum causetur per accidens a bono non deficiente.

bueno, así como también el árbol malo mismo es causado por la buena tierra. En efecto, así como se ha dicho arriba, si algún efecto malo es causado por una causa mala, que es lo bueno deficiente, es preciso llegar, sin embargo, al hecho de que lo malo es causado por accidente por un bien no deficiente[38].

AD SECUNDUM dicendum, quod obiectio illa procedit de causa per se; in tali enim causa praeexistit similitudo effectus. Sic autem bonum non est causa mali, ut dictum est, sed per accidens.

A LO SEGUNDO hay que decir que esa objeción procede de la causa por sí; por cuanto en tal causa preexiste una similitud con el efecto. Y así, lo bueno no es causa de lo malo, como se ha dicho, sino que por accidente.

AD TERTIUM dicendum, quod etiam illa ratio procedit de causa et effectu per se; causa enim quae substantialiter praebet quod est in effectu, est causa per se.

A LO TERCERO hay que decir que incluso esa razón procede de la causa y del efecto por sí, pues la causa que substancialmente muestra[39] en el efecto lo que es, es causa por sí.

AD QUARTUM dicendum, quod oppositum non est causa sui oppositi per se; sed per accidens nihil prohibet. Frigidum enim est causa calidi, conversum quodammodo et ambiens, ut dicitur in VIII *Physic.* [comm. 8].

A LO CUARTO hay que decir que un opuesto por sí no es causa de su opuesto, pero nada prohíbe que lo sea por accidente. En efecto, lo frío es causa de lo caliente de cierta manera, devolviéndose y alejándose, como se dice en el libro VIII de la *Física*[40].

---

[38] El texto latino propone en nota la alternativa a *bono deficiente,* "por un bien deficiente". No nos parece válida, puesto que se ha dicho más arriba que en las cosas naturales la causa del mal no es un bien deficiente sino una causa accidental.

[39] El texto latino propone *praehabet.*

[40] Aristóteles (1995) *Física.* 251a 32. El texto latino usa la palabra *ambiens,* otras versiones latinas usan *abiens* (Iacobus Veneticus, s. XII), o ninguna (Bussemaker, s. XX). Creemos que lo que debería usarse en esta sentencia es *abscedens: frigidus enim calefacit conversum quodammodo et abscedens* (lib. VIII, cap 1, lec. 2, text. 8, p. 365. Santo Tomás (1884). *Sancti Thomae Aquinitatis Opera Omnia Iussu Impensaque Leonis XIII. tomus Secundus Comentaria in octo libros Plisicorum Aristotelis.* Roma-Ex Tipographia Plyglota.).

AD QUINTUM dicendum, quod Dionysius ibi intelligit quod malum non sit ex bono sicut ex causa per se; sed postea in eodem capite ostendit quod malum sit ex bono per accidens.

AD SEXTUM dicendum, quod aliquod bonum est causa mali in quantum est deficiens; non tamen hoc solummodo bonum est causa mali, sed etiam quodammodo bonum, non in quantum est deficiens, est causa mali per accidens. Sed in voluntariis causa mali, quod est peccatum, est voluntas deficiens; sed ille defectus non habet rationem nec culpae nec poenae, secundum quod praeintelligitur peccato, sicut expositum est. Nec huiusmodi defectus oportet aliam causam quaerere; unde non oportet procedere in infinitum. Cum ergo dicitur, quod bonum, in quantum est deficiens, est causa mali, si ly *in quantum* designet aliquid praeexistens, sic non est universaliter verum; si autem designet concomitantiam, sic verum est universaliter, quia omne quod causat malum est deficiens, id est defectum causans, sicut si diceretur quod omne calefaciens, calefacit in quantum est calefaciens.

A LO QUINTO hay que decir que Pseudo Dionisio entiende allí[41] que lo malo no proviene de lo bueno como de una causa por sí; pero después en el mismo capítulo muestra que lo malo proviene de lo bueno por accidente.

A LO SEXTO hay que decir que algo bueno es causa de lo malo en cuanto es deficiente; sin embargo, no solo de este modo lo bueno es causa de lo malo; también, de cierto modo, lo bueno, no en cuanto deficiente, es causa de lo malo por accidente. Pero en las cosas voluntarias la causa de lo malo, que es el pecado, es la voluntad deficiente; y este defecto no tiene razón ni de culpa ni de castigo, según que es presupuesto por el pecado, tal como se ha expuesto. Ni para un defecto de este tipo es preciso buscar otra causa, por ello no es preciso proceder al infinito. Luego, cuando se dice que lo bueno en cuanto es deficiente es causa de lo malo, si el *en cuanto* designa algo preexistente, de este modo no es universalmente verdadero, pero si designa una concomitancia, así es verdadero universalmente, porque todo aquello que causa lo malo es deficiente; esto es, un defecto causante, como si se dijera que todo lo que calienta, calienta en cuanto es calentador.

AD SEPTIMUM dicendum, quod bonum, in quantum habet aptitudinem ad deficiendum, non est sufficiens causa quod sit in actu, sed in quantum habet aliquem defectum in actu, sicut etiam in voluntate expositum est, [in corp. art.]. Quamvis etiam non sit necessarium quod habeat qualemcumque defectum ad hoc quod sit causa mali; quia si non sit deficiens, potest esse per accidens causa mali.

Et per hoc etiam patet responsio AD OCTAVUM.

AD NONUM dicendum, quod bonum ex hoc quod est creatum, aliquo modo potest deficere illo defectu ex quo malum voluntarium procedit: quia ex hoc ipso quod est creatum, sequitur quod ipsum sit subiectum alteri, sicut regulae et mensurae. Si autem ipsum esset sua regula et mensura, non posset sine regula ad opus procedere. Propter hoc Deus, qui est sua regula, peccare non potest; sicut nec artifex peccare posset in incisione ligni si sua manus regula esset incisionis.

AD DECIMUM dicendum, quod sicut iam dictum est [in solut. 6], non oportet quod bonum quod est causa mali per accidens, sit bonum

A LO SÉPTIMO hay que decir que lo bueno, en cuanto tiene aptitud para fallar, no es causa suficiente para que sea en acto, sino en cuanto tiene algún defecto en acto, así como también ha sido expuesto a propósito de la voluntad[42]. Aun cuando tampoco es necesario que tenga un defecto cualquiera para que sea causa de lo malo, puesto que si no es deficiente, puede ser por accidente causa de lo malo.

Y por esto se evidencia también la respuesta A LO OCTAVO.

A LO NOVENO hay que decir que lo bueno, por el hecho de que ha sido creado, de algún modo puede ser deficiente por aquel defecto del que procede lo malo voluntario: porque por esto mismo de que ha sido creado se sigue que por lo mismo está sujeto a lo otro, así como a regla y a medida. Pues si lo mismo fuese su propia regla y medida, no podría obrar sin regla. A causa de esto, Dios, que es su propia regla, no puede pecar, así como tampoco el artífice podría malograr el corte de un madero si su propia mano fuese regla de corte.

A LO DÉCIMO hay que decir que, así como ya se ha dicho, no es preciso que lo bueno que es causa de lo malo por accidente sea lo bueno

deficiens. Sic autem Deus est causa mali poenae; non enim in puniendo intendit malum eius quod punitur, sed ordinem suae iustitiae imprimere rebus, ad quod sequitur malum eius quod punitur, sicut ad formam ignis sequitur privatio formae aquae.

AD UNDECIMUM dicendum, quod fides non est meritoria ex hoc quod est cognitio aenigmatica, sed ex hoc quod tali cognitione voluntas bene utitur, assentiendo scilicet his quae non videt, propter Deum. Nihil autem prohibet quod etiam aliquis bene utendo malo mereatur: sicut e contrario aliquis male utendo bono demeretur.

AD DUODECIMUM dicendum, quod defectus ipse voluntatis est culpa, sicut defectus intellectus est ignorantia, et sicut defectus potentiae exequentis est infirmitas. Sic ergo defectus voluntatis non excusat a culpa, sicut nec defectus intellectus excludit ignorantiam, neque defectus potentiae excludit infirmitatem.

AD DECIMUMTERTIUM dicendum, quod defectus qui praeintelligitur in voluntate ante peccatum non est culpa neque poena, sed negatio pura; sed accipit rationem culpae

deficiente; así también Dios, que es causa de lo malo del castigo, castigando no intenta el mal de aquello que se castiga, sino que imprimir el orden de su justicia a las cosas, a lo cual se sigue que se castiga lo malo de aquello; así como a la forma del fuego se sigue la privación de la forma del agua.

A LO DECIMOPRIMERO hay que decir que la fe no es meritoria por el hecho de ser un conocimiento oscuro, sino por el hecho de que la voluntad usa bien tal conocimiento; esto es, testimoniando, a causa de Dios, aquellas cosas que no ve. Empero, nada prohíbe que incluso alguien haciendo un buen uso del mal merezca [la fe]; así como, por el contrario, alguien haciendo mal uso del bien la merezca.

A LO DECIMOSEGUNDO hay que decir que el defecto mismo de la voluntad es la culpa, así como el defecto del entendimiento es la ignorancia, así como el defecto de la potencia que ejecuta es la debilidad. Luego, así el defecto de la voluntad no excusa de la culpa, así como tampoco el defecto del entendimiento excluye la ignorancia, ni el defecto de la potencia excluye la debilidad.

A LO DECIMOTERCERO hay que decir que el defecto que se preentiende en la voluntad antes del pecado no es culpa ni castigo, sino negación pura; pero recibe razón de culpa

ex hoc ipso quod cum tali negatione se applicat ad opus. Ex ipsa enim applicatione ad opus fit debitum illud bonum quo caret, scilicet attendere actu ad regulam rationis et legis divinae.

ADDECIMUMQUARTUMdicendum, quod causa per accidens dicitur aliquid alicuius dupliciter. *Uno modo* ex parte causae, sicut causa domus per se est aedificator, cui accidit esse musicum; et sic musicum, quod accidit causae per se, dicitur per accidens causa domus. *Alio modo* ex parte effectus, ut si dicatur, quod aedificator est causa domus per se; causa autem alicuius quod accidit domui, est per accidens; sicut quod domus sit fortunata vel infortunata, hoc est quod alicui in domo facta accidat bene vel male. Cum ergo dicitur quod bonum est causa mali per accidens, intelligendum est secundum accidens quod accidit effectui, in quantum scilicet bonum est causa alicuius boni, cui accidit quaedam privatio quae dicitur malum. Licet autem aliquando actio causae pertingat ad ipsum effectum qui est per accidens, sicut effodiens sepulcrum per suam effossionem invenit thesaurum; non tamen hoc est semper verum; operatio enim aedificatoris non pertingit ad hoc quod habitanti in domo bene vel

por el hecho mismo de que con tal negación se aplica a la obra. En efecto, por la aplicación misma a la obra se hace deuda aquel bien del que se carece, esto es, observar en acto la regla de la razón y de la ley divina.

A LO DECIMOCUARTO hay que decir que causa por accidente se dice algo de algo de dos modos. *De un modo,* por parte de la causa. Así como la causa por sí de una casa es el constructor, quien accidentalmente es músico; y así el ser músico, que le acontece a la causa por sí, se dice causa por accidente de la casa. *De otro modo,* por parte del efecto, como si se dijera que el constructor es causa por sí de la casa; pero también causa de algo que le ocurre a la casa [podría] ser por accidente, como que la casa sea afortunada o desafortunada; esto es, que a alguien en la casa construida le ocurran cosas buenas o malas. Luego, cuando se dice que lo bueno es causa de lo malo por accidente, hay que entenderlo según el accidente que le ocurre al efecto, es decir: en cuanto lo bueno es causa de algo bueno, a aquello que le acontece una cierta privación que se dice "mal"[43]. Pero aunque a veces la acción de la causa se extienda hasta el efecto mismo que es por accidente, así como [alguien] cavando un sepulcro a causa de su

---

[43]   Las comillas son nuestras.

male accidat. Et sic dico, quod actio boni non pertingit ad malum causatum; propter quod Dionysius dicit IV cap. *De divin. Nomin.*, quod malum non solum est praeter intentionem, sed etiam praeter viam, quia motus per se non terminatur ad malum.

ADDECIMUMQUINTUM dicendum, quod aliquando accidens alicuius effectus coniungitur ei ut in paucioribus et raro; et tunc agens dum intendit effectum per se non oportet quod aliquo modo intendat effectum per accidens. Aliquando vero huiusmodi accidens concomitatur effectum principaliter intentum semper, vel ut in pluribus; et tunc accidens non separatur ab intentione agentis. Si ergo bono quod voluntas intendit, adiungitur aliquod malum ut in paucioribus, potest excusari a peccato; sicut si aliquis incidens lignum in silva per quam raro transit homo proiiciens lignum interficiat hominem. Sed si semper vel ut in pluribus adiungatur malum bono quod per se intendit, non excusatur a peccato, licet illud malum non per se intendat. Delectationi autem quae

excavación encuentra un tesoro; sin embargo, esto no es siempre verdadero. En efecto, la operación del constructor no alcanza las cosas buenas o malas que le ocurren al habitante de la casa. Y así digo que la acción de lo bueno no alcanza hasta el mal causado. Por esto Pseudo Dionisio dice en el cap. IV de *Los Nombres de Dios*[44] que lo malo no solo está más allá de la intención sino más allá del camino, pues el movimiento por sí no se termina en lo malo.

A LO DECIMOQUINTO hay que decir que aquellas veces que el accidente de algún efecto se une a él son las menos de las veces y son raras; entonces el agente mientras intenta el efecto por sí, no es preciso que de algún modo intente el efecto por accidente. A veces, en cambio, un accidente de este tipo acompaña siempre, o la mayoría de las veces, al efecto principalmente intentado; y entonces, el accidente no se separa de la intención del agente. Luego, si a lo bueno que la voluntad intenta se le une, las menos de las veces, algo malo, puede excusarse del pecado, así como si alguien que corta un madero en un bosque a través del cual raramente transita un hombre, arrojando el madero, mata al hombre. Pero si siempre a la mayoría de las veces se uniera lo malo a lo bueno que intenta por

---

[44] Pseudo Dionisio Areopagita (2007). *Obras Completas. Óp. cit.* cap. IV, 18, pp. 56-57.

est in adulterio, semper coniungitur malum, scilicet privatio ordinis iustitiae; unde non excusatur a peccato: quia ex hoc ipso quod eligit bonum cui semper coniungitur malum, etsi non velit malum secundum se ipsum, magis tamen vult incidere in hoc malum quam carere tali bono.

AD DECIMUMSEXTUM dicendum, quod sicut per accidens quod est ex parte causae reducitur ad causam per se agentem; ita per accidens quod est ex parte effectus, reducitur ad alium effectum per se. Malum vero cum sit effectus per accidens, reducitur ad bonum cui coniungitur, quod est effectus per se.

ADDECIMUMSEPTIMUMdicendum, quod non semper id quod est per accidens, est ut in paucioribus, sed quandoque est semper, aut in pluribus; sicut vadens ad forum causa emendi, aut semper aut in pluribus invenit multitudinem hominum quamvis hoc non intendat. Similiter adulter intendens bonum cui semper coniungitur malum, semper incidit in malum. Quod autem accidit in hominibus quod bonum sit ut in paucioribus, malum ut in pluribus, ex hoc contingit quod pluribus modis contingit deviare

sí, no se excusa del pecado, aunque no intente aquello malo por sí. Y al deleite que hay en el adulterio siempre se une lo malo, esto es, la privación del orden de la justicia. De donde no se exime del pecado, porque por el hecho mismo de que elige lo bueno a lo que siempre se une lo malo, aunque no quiera lo malo según sí mismo, sin embargo prefiere caer en esto malo antes que carecer de tal bien.

A LO DECIMOSEXTO hay que decir que así como lo que es por accidente por parte de la causa se reduce a la causa agente por sí; de este modo, lo que es por accidente por parte del efecto, se reduce a otro efecto por sí. Pero siendo lo malo efecto por accidente, se reduce a lo bueno a lo cual se une, lo que es efecto por sí.

A LO DECIMOSÉPTIMO hay que decir que no siempre aquello que es por accidente es las menos de las veces, sino que a veces es siempre o la mayoría de las veces; así como el que camina hacia el mercado para comprar, siempre o la mayoría de las veces, encuentra una multitud de hombres, aunque no sea esa su intención. Similarmente, el adúltero que intenta lo bueno a lo que siempre se une lo malo, siempre case en lo malo. Pero, porque acontece en los hombres que lo bueno sea las menos de las veces

---

[45] Aristóteles (1998). *Ética Nicomáquea. Ética Eudemia. Óp. cit,* Libro II. 1109a, 25-30, pp. 177-178.

a medio quam medium tenere, ut dicitur in II *Ethic.* [cap.VI], et quia sensibilia bona sunt magis nota apud multos quam bona rationis.

y lo malo la mayoría de las veces, de esto proviene que en muchos modos ocurra desviarse del medio, más que mantenerse en el medio, como se dice en el libro II de la *Ética Nicomáquea*[45]; y porque las cosas buenas sensibles son más conocidas para la mayoría que las cosas buenas de la razón.

AD DECIMUM OCTAVUM dicendum, quod corruptio dicitur mutatio naturalis, non secundum naturam particularem eius quod corrumpitur, sed secundum naturam universalem, quae movet ad generationem vel corruptionem; ad generationem quidem propter se; ad corruptionem autem in quantum generatio sine corruptione esse non potest. Et sic non est per se et principaliter intenta corruptio sed generatio tantum.

A LO DECIMOCTAVO hay que decir que por corrupción se dice cambio natural, no según la naturaleza particular de aquello que se corrompe, sino según la naturaleza universal que [se] mueve hacia la generación o la corrupción: a la generación, por cierto, a causa de sí; a la corrupción, en cuanto la generación no puede ser sin corrupción. Y así no es la corrupción por sí e intentada principalmente, sino solo la generación.

AD DECIMUM NONUM dicendum, quod causa mali per accidens non est bonum quod privatur per malum, neque bonum quod substernitur malo; sed bonum quod est agens, quod inducendo unam formam, privat aliam.

A LO DECIMONOVENO hay que decir que la causa de lo malo por accidente no es lo bueno que es privado por lo malo ni lo bueno que se subordina a lo malo, sino lo bueno que es agente, que introduciendo una forma, priva a la otra.

ART. 4

Quarto quaeritur UTRUM MALUM CONVENIENTER DIVIDATUR PER POENAM ET CULPAM. ET VIDETUR QUOD NON.

Quia omnis bona divisio est per opposita. Sed poena et culpa non sunt opposita: quia aliquod peccatum est poena peccati, ut Gregorius dicit *Super Ezech* [homil. XI]. Ergo malum non convenienter dividitur per poenam et culpam.

Sed dicendum, quod peccatum non est poena in quantum peccatum, sed per quamdam concomitantiam. —*Sed contra*, actus, in quantum est inordinatus, est malus. Sed, in quantum est inordinatus, est poena; dicit enim Augustinus, in *I Confessionum* [cap. XII]: *iussisti, Domine, et sic est, ut omnis inordinatus animus sibi ipsi sit poena.*

Cuarto, se pregunta SI LO MALO SE DIVIDE CONVENIENTEMENTE EN CASTIGO Y CULPA[1]. Y PARECE QUE NO.

1 Porque toda buena división es mediante los opuestos[2]. Pero castigo y culpa no son opuestos, porque algún pecado es castigo de un pecado, como dice San Gregorio en *Homiliarum in Ezechielem*[3]. Luego, lo malo no se divide convenientemente en castigo y culpa.

2 *Pero hay que decir* que un pecado no es castigo en cuanto pecado sino por una cierta concomitancia. *Pero contrariamente*, un acto, en cuanto es desordenado, es malo. Pero en cuanto es desordenado, es castigo; en efecto, dice Agustín en el Libro I de *Las Confesiones:* "Ordenaste, Señor, y así es que todo ánimo desordenado sea castigo para sí mismo"[4].

---

[1] Esta pregunta la hace también en: *Suma de Teología.* I Cuestión. 48. art. 5 y en *Scriptum super libros Sententiarum magistri Petri Lombardi episcopi Parisiensis* liber II, Distinctio 35, art. 1.

[2] Preferentemente por dicotomía, que es la división de un concepto en dos conceptos contrarios que agotan la extensión del primero. Véase Santo Tomás (1989), *Suma de Teología*, I-II, Cuestión 35, art. 8, p. 308.

[3] San Gregorio Magno (1878). *Sancti Gregorii Papæ I, cognomento Magno. Opera Omnia. Tomus secundus.* Col. 915, parágraf. 24. Patrología Latina LXXVI. Paris-Migne.

[4] Agustín de Hippona (1979). *Obras Completas de San Agustín II. Las Confesiones.* Libro I, Cap. XII, p. 90. Madrid-BAC.

Praeterea, perfectio secunda, quae est operatio, est melior quam prima quae est forma vel habitus: unde et Philosophus probat in I *Ethic.* [cap. VIII], quod summum bonum humanum, scilicet felicitas, non est habitus, sed operatio. Si igitur privari prima perfectione est poena, multo magis peccatum, quod tollit secundam perfectionem, scilicet malum operationis, est poena.

Praeterea, omnis passio anxietatem inducens, videtur poenam habere. Sed multa peccata sunt cum passionibus anxietatem inducentibus, sicut invidia, accidia, ira et huiusmodi; et multa etiam sunt difficultatem habentia in operando, sicut in persona impiorum dicitur *Sap.* v, 7: *Ambulavimus vias difficiles.* Ergo videtur quod peccatum, in quantum huiusmodi, sit poena.

Praeterea, si peccatum per concomitantiam est poena, omne pec-

3 Además, la perfección segunda, que es la operación, es mejor que la primera, que es forma o hábito[5], de donde también el Filósofo prueba en el libro I de la *Ética*, que el sumo bien humano, esto es, la felicidad, no es hábito sino operación[6]. Por consiguiente, si es castigo el ser privado de la primera perfección, mucho más castigo es el pecado, esto es lo malo de la operación, que destruye a la segunda perfección.

4 Además, toda pasión que suscita ansiedad parece tener un castigo. Pero hay muchos pecados con pasiones que suscitan ansiedad[7], como la envidia, la acedia[8], la ira y otros tales; y también hay muchos que actúan con dificultad, como se dice en *Sb.* 5, 7 respecto de la persona de los impíos: "Hemos andado caminos difíciles"[9]. Luego, parece que el pecado en cuanto tal es castigo.

5 Además, si el pecado por concomitancia es castigo, todo pecado

---

[5] La primera perfección es aquella según la cual la cosa es perfecta [plena, completa]; la cual perfección es ciertamente forma del todo y que asegura la integridad de las partes. La perfección segunda, en cambio, es el fin, o la operación. Es así que, el fin del citarista es citarizar o algo a lo cual se llega por medio de esa operación. Así también el fin de edificar es la casa, la que se construye edificándola. Cf. Santo Tomás (2001) *Suma de Teología* I, Cuestión 73, art. I corp. En el ser humano, la perfección primera es el alma, que es la forma del cuerpo y el principio de sus movimientos (de su animación). Pero, también son perfecciones primeras los hábitos, por cuanto también ellos son principios permanentes de las acciones (operaciones).

[6] Aristóteles (1998). *Ética Nicomáquea. Ética Eudemia. Óp. cit.*, Libro I. 1098b, 10 y ss. p. 146.

[7] Es decir, que provocan afecciones, como las ansias o la preocupación, que dificultan la acción.

[8] *Acedía*: vicio capital que Santo Tomás define como *tristitia de bono interno.* Es lo que los tiempos modernos, con una infidelidad abismante al sentido, traduce como "pereza" (véase Humberto Giannini (1976), "El Demonio del mediodía". En: *Revista Teoría*, N°5).

[9] Sb 5,7: *Lassati sumus in via iniquitatis et perditionis, et ambulavimus vias difficiles: viam autem Domini ignoravimus.* "Fatigados estamos en el camino *de la* inequidad y de la perdición, hemos andado caminos difíciles: hemos ignorado el camino del Señor". *Biblia Sacra iuxta Vulgatam Clementinam*, p. 732. Londres, 2005.

catum quod concomitatur aliqua poena, erit poena. Sed primum peccatum concomitatur aliqua poena. Ergo sequitur quod primum peccatum sit poena; quod est contra Augustinum, qui dicit sola illa peccata esse poenas quae sunt media inter primum peccatum apostasiae et ultimam poenam gehennae.

Praeterea, sicut dicit Augustinus in lib. *De Natura Boni* [cap. XXXV, XXXVI et XXXVII], malum est corruptio modi, speciei et ordinis naturalis; et loquitur de malo in communi. Postmodum autem ad rationem poenae pertinere dicit quod adversetur naturae. Ergo videtur quod omne malum sit poena. Non ergo debet malum dividi per poenam et culpam.

Praeterea, contingit aliquem gratiam non habentem peccare. Culpa autem omnis, cum sit malum, aliquod bonum privat; non autem privat bonum gratiae, cum suppositum sit quod gratiam non habeat. Ergo privat bonum naturae; ergo est poena; quia de ratione poenae est ut adversetur naturae bono, ut Augustinus dicit.

que acompaña a algún castigo, será castigo. Pero el pecado primero es concomitante a algún castigo. Luego, se sigue que el pecado primero es castigo; lo que va contra Agustín, que dice que son castigos solo aquellos pecados que están entre el pecado primero de la apostasía y el castigo último del infierno[10].

6 Además, así como dice Agustín en *De la Naturaleza del Bien*, lo malo es corrupción del modo, de la belleza y del orden natural; y habla de lo malo en sentido universal[11]. Pero después dice que a la razón del castigo pertenece lo que se opone a la naturaleza[12]. Luego, parece que todo lo malo es castigo. Luego, lo malo no debe dividirse mediante castigo y culpa.

7 Además, ocurre que peque alguien que no tiene la gracia. Y toda culpa siendo mala, priva de algo bueno; pero no priva de lo bueno de la gracia, habiendo supuesto que [aquel] no tenga la gracia. Luego, priva de lo bueno de la naturaleza; luego, es castigo, porque como dice Agustín, pertenece a la razón del castigo que se oponga a lo bueno de la naturaleza[13].

10 Agustín de Hippona (1965). *Obras Completas de San Agustín XX. Enarrciones sobre los Salmos (2ª)*. 57, 18, pp. 446-447.

11 Agustín de Hippona (1962). *Obras Completas de San Agustín III. Obras Filosóficas*. Óp. cit. Cap. IV, p. 776.

12 *Ibídem*. Caps. XXXV, XXXVI y XXXVII, pp. 801-802.

13 *Ibídem*. VII, p. 778.

Praeterea, ipse actus peccati, secundum hoc quod est actus quidam, et bonus est et a Deo est. Secundum hoc ergo est in eo malum culpae secundum quod est in eo aliqua corruptio. Sed omnis corruptio habet rationem poenae. Ergo malum culpae, in quantum est malum, est poena, et ita non debet dividi culpa contra poenam.

8. Además, el acto mismo del pecado, en cuanto es un cierto acto, no solo es bueno sino que viene de Dios[14]. Luego, según esto, hay en él un mal de culpa en cuanto hay en él alguna corrupción. Pero toda corrupción tiene razón de castigo. Luego, lo malo de la culpa, en cuanto es malo, es castigo. Y así, no debe dividirse la culpa frente al castigo.

Praeterea, illud quod secundum se ipsum est bonum, non debet poni ut divisivum mali. Sed poena, in quantum huiusmodi, est bona, quia est iusta; unde et satisfacientes laudantur de hoc quod poenam volunt pro peccatis subire. Ergo poena non debet poni ut divisiva mali.

9. Además, aquello que según sí mismo es bueno no debe ponerse como divisivo de lo malo[15]. Pero el castigo en cuanto tal es bueno porque es justo; de donde también los que dan satisfacción son alabados por el hecho de que quieren sufrir castigo por sus pecados. Luego, el castigo no debe ponerse como divisivo de lo malo.

Praeterea, aliquod malum est quod nec est poena nec culpa, scilicet malum naturae. Ergo insufficienter dividitur malum per poenam et culpam.

10. Además, hay algo malo que no es castigo ni culpa, a saber, lo malo de la naturaleza[16]. Luego, se divide insuficientemente lo malo en castigo y culpa[17].

Praeterea, de ratione poenae est quod sit contra voluntatem; de

11. Además, es de la razón del castigo que sea contra la voluntad; y de la

---

[14] El argumento es: todo acto por el hecho de ser algo creado es bueno. Así, si es bueno en su origen –*de acuerdo con eso*– ha llegado a ser malo a causa de una corrupción culpable. Se argumenta que la corrupción es castigo. Y se concluye que toda culpa (expresión de una voluntad corrompida) es castigo. Luego, según esto...

[15] *Divisivo*: una de "las partes" en que se divide un género, a partir de sus diferencias específicas (corresponde al cociente en el ámbito de lo cuantitativo). Así, el género humano es una de las especies divisivas de animal.

[16] San Agustín habla del "mal que se sufre" y del "mal que se hace": el mal que se sufre es el mal que nos hacen los otros, el mal de la naturaleza: que cada cosa no pueda conservar su ser, que esté sometido a la corrupción, a la enfermedad y la muerte; y el mal que sufrimos por azar, como perder en el camino al mercado, por ejemplo, nuestro dinero. Véase Agustín de Hippona (1962). *Obras Completas de San Agustín III. Obras Filosóficas. Del Libre Albedrío*. III, c. 18, n 51, p. 379. Madrid-BAC. (Véase también Santo Tomás (2001) *Suma de Teología I,* Cuestión 48, art. 5.)

[17] Nótese que ahora se dice que la división es insuficiente (y no solo inconveniente), pues es incompleta.

ratione autem culpae est quod sit voluntaria. Aliqua autem mala patitur homo quae nec vult nec sunt contra eius voluntatem, sicut si alicuius res in eius absentia diripiantur eo ignorante. Ergo malum non sufficienter dividitur per poenam et culpam.

Praeterea, quoties dicitur unum oppositorum, toties dicitur et reliquum, ut Philosophus dicit [I *Topic.*, cap XIII]. Sed bonum dicitur tripliciter: videlicet honestum, utile et delectabile. Ergo et malum in tria debet dividi, et non in duo tantum.

Praeterea, secundum Philosophum, in II *Ethic.* [cap.VI], malum est multiplicius quam bonum. Sed est triplex bonum, scilicet naturae, gratiae et gloriae. Ergo videtur quod malum debeat esse multiplicius; et ita videtur quod malum inconvenienter dividatur per duo tantum.

SED CONTRA. Est quod Augustinus [Fulgentius] dicit in lib. *De fide ad Petrum* [cap. XXI]: *Geminum est creaturae rationalis malum; unum quo voluntarie deficit a summo bono; alterum quo in vita punitur;* per quae duo exprimitur poena et culpa. Ergo malum dividitur per poenam et culpam.

razón de la culpa que sea voluntaria. Pero el hombre sufre algunos males que ni quiere ni son contra su voluntad, así como si las cosas de alguien, en su ausencia, fueran robadas, ignorándolo él. Luego, lo malo no se divide suficientemente en castigo y culpa.

12 Además, cuantas veces se dice uno de los opuestos, tantas veces se dicen también los restantes, como dice el Filósofo[18]. Pero lo bueno se dice de tres modos, a saber: honesto, útil y deleitable. Luego, también lo malo debe dividirse en tres y no en dos solamente.

13 Además, según el Filósofo, en el Libro II de la *Ética Nicomáquea*[19], lo malo es de más modos que lo bueno. Pero lo bueno es de tres maneras, a saber: de la naturaleza, de la gracia y de la gloria. Luego, parece que lo malo debería ser de más modos, pero parece que lo malo solo se divide, inconvenientemente, en dos.

PERO, POR EL CONTRARIO, está lo que dice Agustín en *De Fide ad Petrum*. "Doble es lo malo de la criatura racional; uno por lo cual voluntariamente se aparta del sumo bien; otro por lo cual es castigado en vida"[20]. A través de estos dos se expresa el castigo y la culpa. Luego,

---

[18]   Aristóteles (1982). *Tratados de Lógica* (Organon). Tópicos, 106b, 12-29.

[19]   Aristóteles (1998). *Ética Nicomáquea. Ética Eudemia. Óp. cit.* 1106b 30-35.

[20]   Esta cita pertenece a San Fulgencio, obispo de Ruspe, de su libro *De Fide, seu de Regula Verœ Fidei, ad Petrum liber unus. Cap. xxi: Unde constant geminum ese creaturœ rationalis malum: unum quo voluntarie ipsa deficit*

RESPONDEO. Dicendum quod natura rationalis vel intellectualis quodam speciali modo se habet ad bonum et malum prae aliis creaturis; quia quaelibet alia creatura naturaliter ordinatur in aliquod particulare bonum; intellectualis autem natura sola apprehendit ipsam rationem boni communem per intellectum, et in bonum commune movetur per appetitum voluntatis; et ideo malum rationalis creaturae speciali quadam divisione dividitur per culpam et poenam.

Haec enim divisio non est mali nisi secundum quod in rationali natura invenitur, ut patet ex auctoritate Augustini inducta; ex qua etiam huiusmodi ratio accipi potest, quia scilicet de ratione culpae est quod sit secundum voluntatem, de ratione autem poenae est quod sit contra voluntatem. Voluntas autem in sola natura intellectuali invenitur.

Horum autem duorum distinctio sic potest accipi. Cum enim ma-

lo malo se divide mediante castigo y culpa.

RESPONDO. Hay que decir que la naturaleza racional o intelectual se relaciona con lo bueno y lo malo de un cierto modo especial en comparación con las otras creaturas; porque cualquier otra creatura se ordena naturalmente hacia algo bueno particular; mas, solo la naturaleza intelectual aprehende por el intelecto la razón común misma de lo bueno y se mueve hacia lo bueno común mediante el apetito de la voluntad; y por ello, lo malo de la creatura racional se divide por una cierta división especial en culpa y castigo.

En efecto, no es esta una división de lo malo a no ser según se encuentra en la naturaleza racional, como es evidente por la autoridad recibida de San Agustín, de la que también una razón tal puede ser acogida, porque corresponde a la razón de la culpa que sea según la voluntad, en tanto que corresponde a la razón del castigo que sea contra la voluntad. Pero la voluntad se encuentra solo en la naturaleza intelectual.

Y la distinción de estas dos cosas puede considerarse así: pues, opo-

---

a summo bono creatore suo, alterum quo invita [sic] punietur ignis aeternis suplicio: "De donde consta que doble es lo malo de la creatura racional: uno porque voluntariamente se aparta de lo más bueno de su creador, otro porque en vida es castigado por el suplicio del fuego eterno". San Fulgencio (1847). *Sancti Fulgentii Episcopi Ruspensis, Felicis IV et Bonifacii II Sumorum Pontificum, Sanctorum Eleutherii et Remigii Tornacensis et Rhemensisque Episcoporum, necnon Prosperi ex Manichæo Conversi et Montani Episcopi Toletani Opera Omnia.* Patrologia Latina LXV. Paris-Migne. Col. 700 A.

lum opponatur bono, necesse est quod secundum divisionem boni dividatur malum. Bonum autem quamdam perfectionem designat. Perfectio autem est duplex: scilicet *prima*, quae est forma vel habitus; et *secunda*, quae est operatio. Ad perfectionem autem primam, cuius usus est operatio, potest reduci omne illud quo utimur operando. Unde et e converso duplex malum invenitur. *Unum* quidem in ipso agente, secundum quod privatur vel forma, vel habitu, vel quocumque quod necessarium sit ad operandum: sicut caecitas vel curvitas tibiae quoddam malum est. *Aliud* vero malum est in ipso actu deficiente, sicut si dicamus claudicationem esse aliquod malum. Sicut autem in aliis contingit haec duo reperiri, ita et in natura intellectuali quae per voluntatem operatur: in qua manifestum est quod inordinata actio voluntatis habet rationem culpae: ex hoc enim aliquis vituperatur et culpabilis redditur, quod inordinatam actionem voluntarie operatur. Est autem et in creatura intellectuali invenire malum secundum privationem formae aut habitus, aut cuiuscumque alterius quod posset esse necessarium ad bene operandum, sive pertineat ad animam, sive ad corpus, sive ad res exteriores; et tale malum, secun

niéndose lo malo a lo bueno, es necesario que se divida lo malo según la división de lo bueno. Ahora, lo bueno designa una cierta perfección. Y la perfección es doble, a saber: *la primera,* que es la forma o el hábito; y *la segunda,* que es la operación. Pero a la perfección primera, la cual se sirve de la operación, puede reducirse todo aquello de lo que nos servimos para obrar[21]. De donde, inversamente, también lo malo se encuentra de dos modos: *de un modo,* en el agente mismo, en cuanto es privado o de la forma o del hábito o bien de cualquier cosa que sea necesaria para obrar: así, la ceguera o lo torcido de la tibia es un cierto mal. De *otro modo,* lo malo, en cambio, es en el acto mismo deficiente, como si dijéramos que la cojera es algo malo. Y así ocurre en otras cosas en las que se encuentren estas dos maneras, así también en la naturaleza intelectual, que opera por voluntad: en ella es manifiesto que la acción desordenada de la voluntad tiene razón de culpa; por esto, pues, alguien es censurado y se vuelve culpable; porque ejecuta voluntariamente una acción desordenada. Pero es posible también encontrar en la criatura intelectual lo malo según privación de la forma o del hábito, o de cualquier otra cosa que pudiere ser necesaria

---

21   Es decir: todo lo que existe, como instrumento, materia prima, medio, para la obra del hombre, para sus operaciones, para sus proyectos, existe, en último término para su ser o es explicado por ese ser: para la perfección primera. El principio, pues, de la operación y de la instrumentalización es la perfección primera: la forma o el hábito por lo que algo es y actúa.

dum fidei catholicae sententiam, necesse est quod poena dicatur.

Sunt enim tria de ratione poenae. Quorum *unum* est quod habet respectum ad culpam; dicitur enim proprie aliquis puniri quando patitur malum pro aliquo quod commisit. Habet autem hoc traditio fidei, quod nullum nocumentum creatura rationalis potuisset incurrere neque quantum ad animam, neque quantum ad corpus, neque quantum ad aliqua exteriora, nisi peccato praecedente vel in persona vel saltem in natura; et sic sequitur quod omnis talis boni privatio, quo uti quis potest ad bene operandum in hominibus, poena dicatur, et pari ratione in Angelis; et sic omne malum rationalis creaturae vel sub culpa vel sub poena continetur. *Secundum* vero quod pertinet ad rationem poenae, est quod voluntati repugnet. Voluntas enim uniuscuiusque inclinationem habet in proprium bonum; unde privari proprio bono, voluntati repugnat. Sciendum tamen est quod poena tripliciter repugnat voluntati. Quandoque quidem voluntati actuali, sicut cum quis se sciente

para obrar bien, sea que pertenezca al alma, sea al cuerpo o a las cosas exteriores; y tal mal, según juicio[22] de la fe católica, es necesario que se diga castigo[23].

Hay tres cosas que pertenecen a la razón del castigo. De las cuales, *una* es la que tiene relación con la culpa. En efecto, se dice propiamente que alguien es castigado cuando padece lo malo por algo que ha cometido. Ahora bien, la tradición de la fe dice esto: que una criatura racional no podría caer en ningún daño ni en cuanto al alma ni en cuanto al cuerpo, ni en cuanto a algunas cosas exteriores, a no ser por un pecado precedente o bien en la persona o, al menos, en la naturaleza humana; y así se sigue que toda privación de un bien, que alguien puede ejercer para el bien obrar entre los hombres, se dice castigo, y por igual razón en los Ángeles; y así, todo mal de una criatura racional se contiene o bajo la culpa o bajo el castigo. Y *la segunda*, que pertenece a la razón del castigo, es que repugna a la voluntad. Pues la voluntad de cada cual tiene inclinación hacia lo bueno propio, de donde ser privado de lo bueno propio repugna a la voluntad. Hay que saber, sin embargo, que el cas-

---

[22] *Sententiam pro sententia judiciorum: Liber Ecclesiasticus, in quo continentur, quæ ad pœnitentiam imponendam et ad reconciliandum pœnitentem spectant*. «3 sententia» (par les Bénédictins de St. Maur, 1733–1736), dans du Cange, *et al.*, Glossarium mediae et infimae latinitatis, éd. augm., Niort: L. Favre, 18831887, t. 7, col. 424c. http://ducange.enc.sorbonne.fr/SENTENTIA3.

[23] Véase *De Malo, Quæstio V.* De Pœna Originalis Peccati. Art. 4, sed contra 1 et 2. Santo Tomás (1949). S. Thomae Aquinatis Doctoris Angelici *Quaestiones Disputatae*. Volumen II. De Malo, p. 550.

sustinet aliquam poenam. Quandoque vero est contra voluntatem tantum habitualem, sicut cum alicui ignoranti subtrahitur aliquod bonum, de quo doleret, si sciret. Quandoque vero solum contra naturalem inclinationem voluntatis, sicut cum quis privatur habitu virtutis, qui virtutem habere non vult; sed tamen naturalis inclinatio voluntatis est ad bonum virtutis. *Tertium* vero esse videtur de ratione poenae ut in quadam passione consistat. Ea enim quae contra voluntatem eveniunt, non sunt a principio intrinseco quod est voluntas, sed a principio extrinseco, cuius effectus passio dicitur.

tigo repugna a la voluntad de tres modos: a veces a la voluntad actual, como cuando alguien, sabiéndolo, soporta algún castigo. Pero a veces, es contra la voluntad solamente habitual, así como cuando a alguien, ignorándolo, se le sustrae algo bueno de lo cual se dolería si lo supiera. Pero a veces es contra la inclinación natural de la voluntad, solamente, como cuando alguien que no quiere tener virtud, es privado del hábito de la virtud; aunque, con todo, la inclinación natural de la voluntad es hacia lo bueno de la virtud. Y *la tercera* acerca de la razón del castigo: que parece que consiste en una cierta pasión. En efecto, aquellas cosas que suceden contra la voluntad no son por un principio intrínseco que es la voluntad, sino por un principio extrínseco, cuyo efecto se dice pasión[24].

Sic ergo tripliciter poena et culpa differunt. *Primo* quidem, quia culpa est malum ipsius actionis, poena autem est malum agentis. Sed haec duo mala aliter ordinantur in naturalibus et voluntariis; nam in naturalibus ex malo agentis sequitur malum actionis, sicut ex tibia curva sequitur claudicatio; in voluntariis autem e converso, ex malo actionis, quod est culpa, sequitur malum agentis, quod est poena, divina providentia culpam per poenam ordi-

Así pues, castigo y culpa difieren de tres modos. *Primero,* porque la culpa es lo malo de la acción misma, mientras el castigo es lo malo del agente. Pero estas dos cosas malas se ordenan de modo diferente en las cosas naturales y en las voluntarias; ya que en las naturales, de lo malo del agente se sigue lo malo de la acción, así como de la tibia torcida se sigue la cojera; pero en las cosas voluntarias es a la inversa: de lo malo de la acción, que es la culpa, se

---

[24] En resumen, hay tres condiciones propias (*rationes*) del castigo: a.- que todo castigo es castigo de alguna culpa; b.- que repugna a la voluntad del afectado, y c.- que el castigo es un mal que se sufre.

nante. *Secundo modo* differt poena a culpa per hoc quod est secundum voluntatem et contra voluntatem esse ut patet per auctoritatem Augustini supra inductam. *Tertio* vero per hoc quod culpa est in agendo, poena vero in patiendo, ut patet per Augustinum, in I *De libero arbitrio*, ubi culpam nominat malum quod agimus, poenam vero malum quod patimur.

AD PRIMUM ergo dicendum, quod cum de ratione culpae sit quod sit voluntaria, de ratione autem poenae quod sit contra voluntatem, ut dictum est; impossibile est quod idem secundum idem sit poena et culpa; quia idem secundum idem non potest esse voluntarium et contra voluntatem; sed secundum diversa nihil prohibet: ei enim quod volumus, potest esse aliquid coniunctum quod naturaliter voluntati repugnet; et quaerendo quod volumus, incurrimus in id quod nollemus; et hoc in peccantibus accidit; dum enim inordinate afficiuntur ad aliquod bonum creatum, incurrunt separationem a bono increato et alia huiusmodi, quae non vellent. Et sic idem

sigue lo malo del agente[25], que es el castigo, ordenando la Divina Providencia culpa por castigo. De un *segundo modo* difiere el castigo de la culpa por el hecho de ser según la voluntad y contra la voluntad, como es evidente por la autoridad de San Agustín antes citada. Y *tercero*, por el hecho de que la culpa es en el actuar, pero el castigo en el padecer, como es evidente por San Agustín en el libro I de *Del libre albedrío*, donde denomina culpa a lo malo que hacemos, pero castigo a lo malo que padecemos[26].

Luego, A LO PRIMERO, hay que decir que perteneciendo a la razón de la culpa el que sea voluntaria, y a la razón del castigo que sea contra la voluntad, como se ha dicho, es imposible que lo mismo, según lo mismo, sea castigo y culpa; porque lo mismo según lo mismo no puede ser voluntario y contra la voluntad. Sin embargo, según cosas diversas, nada lo prohíbe: pues unido a lo que queremos puede haber algo que repugne naturalmente a la voluntad; y buscando lo que queremos, incurrimos en aquello que no queremos; y esto es lo que acontece a los que pecan. En efecto, mientras son llevados desordenadamente hacia algo bueno creado, vienen a caer en una separación

---

[25] Es decir, lo malo del agente es la corrupción de la voluntad, mientras que lo malo para el agente es el castigo.

[26] Agustín de Hippona (1962). *Obras Completas de San Agustín III. Obras Filosóficas. Del Libre Albedrío*. Libro I, cap. 1 VI, p. 200. Madrid-BAC.

secundum diversa potest esse et culpa et poena, sed non secundum idem.

AD SECUNDUM dicendum, quod ipse actus non est volitus in quantum est inordinatus, sed secundum aliquid aliud; quod, dum voluntas quaerit, in praedictam inordinationem incurrit, quam non vellet; et sic, ex eo quod est volitum, habet rationem culpae; ex eo vero quod inordinationem invite quis quodammodo patitur, immiscetur ratio poenae.

AD TERTIUM dicendum, quod ipsa inordinata actio, secundum quod a voluntate procedit, rationem culpae habet; secundum vero quod eligens ex hac incurrit impedimentum debitae operationis, hoc pertinet ad rationem poenae. Unde idem potest esse poena et culpa, sed non secundum idem.

AD QUARTUM dicendum, quod huiusmodi etiam anxietates passionum consequuntur in peccante praeter voluntatem ipsius; elegit etenim iracundus sic insurgere in punitionem alterius, ut ipse ex hoc nullam anxietatem vel laborem pateretur; unde cum in ista incurrit praeter suam voluntatem, hoc ad rationem poenae pertinet.

de lo bueno no creado y en otras cosas tales que no quieren. Y así lo mismo según cosas diversas puede ser tanto culpa como castigo, pero no según lo mismo.

A LO SEGUNDO hay que decir que el acto mismo no es querido en cuanto es desordenado, sino que según es algo diverso; porque, mientras la voluntad requiere[27], cae en el desorden antedicho, el cual no desea; y así, por el hecho de ser deseado, tiene razón de culpa; pero por el hecho de que alguien contra su voluntad, en cierto modo, padece el desorden, se mezcla la razón de castigo.

A LO TERCERO hay que decir que la acción misma desordenada, en cuanto procede de la voluntad, tiene razón de culpa; pero en cuanto el que elige incurre por ella en un impedimento de la operación debida, esto pertenece a la razón de castigo. De donde castigo y culpa pueden ser lo mismo, pero no según lo mismo.

A LO CUARTO hay que decir que también de este modo las ansiedades de las pasiones que se siguen en el que peca, se siguen al margen de su voluntad. En efecto, el iracundo elegiría alzarse de tal modo en acto de punición contra otro, que él mismo no padecería por eso ninguna ansiedad o molestia; de donde, cuando incurre en la ira al

---

²⁷ *Quaerit.*

AD QUINTUM dicendum, quod magis denominatur aliquid ab eo a quo dependet, quam ab eo quod dependet ab ipso. Peccatum autem habet poenam concomitantem dupliciter. *Uno* quidem *modo* sicut a qua quodammodo dependet, sicut cum aliquis propter culpam praecedentem a gratia deseritur, ex hoc sequitur ipsum peccare. Unde ipsum peccatum dicitur poena ratione desertionis gratiae, a qua quodammodo dependet; et sic primum peccatum non potest dici poena, sed peccata sequentia. *Alio* vero *modo* peccatum habet poenam concomitantem, quae consequitur ex ipso; sicut est separatio a Deo, vel privatio gratiae, vel inordinatio agentis, vel anxietas passionis seu laboris; et a poena sic concomitante non ita proprie peccatum dicitur poena; quamvis etiam et sic possit dici poena causaliter, sicut Augustinus dicit [lib. I *Confess.*, c. XII], quod inordinatus animus sibi ipsi est poena.

AD SEXTUM dicendum, quod malum in communi acceptum, est corruptio naturalis modi, speciei et ordinis in communi; malum vero poenae in ipso agente; malum vero

margen de su voluntad, esto pertenece a la razón del castigo.

A LO QUINTO hay que decir que algo queda más denominado por aquello de lo que depende, que por aquello que depende de él mismo. Pero, de dos maneras el pecado tiene un castigo concomitante. *De un modo,* como si de cierta manera dependiera del castigo, como cuando alguien por una culpa precedente es abandonado por la gracia, de lo que se sigue el pecar mismo; de donde el pecado mismo se dice castigo por razón del abandono de la gracia, de la cual en cierta medida depende, y así el pecado primero no puede decirse castigo, sino los pecados siguientes. Pero *de otro modo,* el pecado tiene un castigo concomitante que se sigue de él mismo, como es la separación de Dios, o la privación de la gracia, o el desorden del agente, o la ansiedad por pasión o por trabajo; y al pecado, a causa del castigo así concomitante, no se le llama propiamente castigo, aunque incluso también así pueda decirse causalmente castigo, como dice Agustín: que el ánimo desordenado es castigo para él mismo[28]

A LO SEXTO hay que decir que lo malo tomado universalmente es corrupción natural de la medida, de la belleza y del orden universal; lo malo del castigo es, en cambio,

28   Agustín de Hippona (1979). *Obras Completas de San Agustín II. Las Confesiones.* Libro I, Cap. XII, p. 90.

culpae, in quantum huiusmodi, in ipsa actione.

AD SEPTIMUM dicendum, quod in eo qui non habet gratiam, culpa privat aptitudinem ad gratiam, non totaliter tollendo, sed diminuendo ipsam. Haec autem privatio non est malum culpae formaliter, sed effectus eius, quod est poena. Malum autem culpae formaliter est privatio modi, speciei et ordinis in ipso actu voluntatis.

AD OCTAVUM dicendum, quod corruptio boni in actione, in quantum huiusmodi, non est poena agentis per se loquendo; sed esset poena actionis, si actioni puniri competeret. Sed ex hac corruptione vel privatione actionis, consequitur aliqua corruptio vel privatio in agente, quae habet rationem poenae.

AD NONUM dicendum, quod poena, secundum quod comparatur ad subiectum, est malum in quantum privat illud aliquo modo; sed secundum quod comparatur ad agens quod infert poenam, sic interdum habet rationem boni, quando puniens propter iustitiam punit.

en el agente mismo; y lo malo de la culpa en cuanto tal, es en la acción misma.

A LO SÉPTIMO hay que decir que en aquel que no posee la gracia, la culpa lo priva de la aptitud para la gracia; no anulándola totalmente, sino disminuyéndola. Sin embargo, formalmente esta privación no es mal de culpa, sino un efecto de ello, que es el castigo. Con todo, formalmente, lo malo de la culpa es privación de la medida, de la belleza y del orden en el acto mismo de la voluntad.

A LO OCTAVO hay que decir que la corrupción de lo bueno en la acción en cuanto tal, no es castigo para el agente, hablando con propiedad; pero sería castigo de la acción si conviniera a la acción ser castigada. Con todo, de esta corrupción o privación de la acción, se sigue alguna corrupción o privación en el agente, la que tiene razón de castigo.

A LO NOVENO hay que decir que el castigo, según que se compara con el sujeto, es malo en cuanto le causa privación de algún modo[29]; pero, según que se compara al agente que infiere el castigo, así, a veces, tiene razón de lo bueno, cuando castigando, castiga por justicia.

---

[29] *Est malum in quantum privat illud aliquo modo* en el original. Consideramos que traducir el verbo *privat* por el sustantivo privación le da más sentido a la frase.

AD DECIMUM dicendum, quod ista divisio, sicut dictum est, non est mali communiter accepti, sed mali secundum quod in rationali creatura invenitur; in qua non potest esse aliquod malum quod non sit culpa vel poena, ut dictum est. Intelligendum tamen est, quod non omnis defectus habet rationem mali, sed defectus boni quod natum est haberi. Unde non est defectus homini quod non potest volare, et per consequens nec culpa est nec poena.

AD UNDECIMUM dicendum, quod incommoda vel damna quae quis nesciens patitur, licet non sint contra voluntatem actualem, sunt tamen contra voluntatem naturalem vel habitualem, ut dictum est.

AD DUODECIMUM dicendum, quod bonum utile ordinatur in delectabile et honestum, sicut in finem; et sic duo sunt principalia bona, scilicet honestum et delectabile; quibus opponuntur duo mala: culpa quidem honesto, poena vero delectabili.

AD DECIMUMTERTIUM dicendum, quod de singulis horum trium bonorum, scilicet naturae, gratiae et gloriae, est considerare formam et actum secundum quam differentiam culpa a poena distinguitur, ut dictum est.

A LO DÉCIMO hay que decir que esta división, así como se ha dicho, no es de lo malo comúnmente aceptado, sino que de lo malo según lo que se encuentra en la criatura racional; en la cual, como se ha dicho, no puede haber algo malo que no sea culpa o castigo. Sin embargo, hay que entender que no todo defecto tiene razón de lo malo, sino el defecto de lo bueno que por naturaleza ha de tenerse. De donde no es defecto del hombre el que no pueda volar y, por consiguiente, no es ni culpa ni castigo.

A LO UNDÉCIMO hay que decir que los inconvenientes o daños que padece alguien, desconociéndolos, aunque no sean contra la voluntad actual, sin embargo, son contra la voluntad natural o habitual, como se ha dicho.

A LO DUODÉCIMO hay que decir que lo bueno útil se ordena a lo deleitable y honesto como hacia un fin; y así, dos son las cosas buenas principales, a saber: lo honesto y lo deleitable; a las que se oponen dos cosas malas: a lo honesto la culpa y a lo deleitable el castigo.

A LO DECIMOTERCERO hay que decir que de cada una de estas tres bondades: naturaleza, gracia y gloria, hay que considerar la forma y el acto, según cuya diferencia se distingue la culpa del castigo, como se ha dicho.

ART. 5

Quinto quaeritur QUID HABEATPLUSDERATIONEMALI, UTRUM POENA VEL CULPA. ET VIDETUR QUOD POENA.

Quinto, se pregunta QUÉ TIENE MÁS RAZÓN DE LO MALO, SI EL CASTIGO O LA CULPA[1]. Y PARECE QUE EL CASTIGO.

1. Sicut enim se habet meritum ad praemium, ita se habet culpa ad poenam. Sed praemium est maius bonum quam meritum. Ergo poena est magis malum quam culpa.

En efecto, tal como el mérito se relaciona con el premio, así se relaciona la culpa con el castigo. Pero el premio es más bueno que el mérito. Luego, el castigo es más malo que la culpa.

2. Praeterea, illud est magis malum quod opponitur magis bono. Sed poena opponitur bono agentis, culpa autem bono actionis. Cum ergo melius sit agens quam actio, videtur quod peius sit poena quam culpa.

Además, es más malo aquello que se opone más a lo bueno. Pero el castigo se opone a lo bueno del agente, mientras que la culpa a lo bueno de la acción. Luego, siendo mejor el agente que la acción, parece que es peor el castigo que la culpa.

3. *Sed dicendum*, quod culpa est magis malum quam poena, in quantum separat a summo bono. —*Sed contra*, nihil magis separat a summo bono quam ipsa separatio a summo bono. Sed ipsa separatio a summo bono est poena. Ergo adhuc poena est maius malum quam culpa.

Pero hay que decir que la culpa es más mala que el castigo en cuanto separa del sumo bien. *Pero contrariamente*, nada separa más del sumo bien que la separación misma del sumo bien. Pero la separación misma del sumo bien es el castigo. Luego, hasta aquí, el castigo es más malo que la culpa[2].

---

[1] Esta pregunta la hace también en: *Suma de Teología. I.* Cuestión. 48. art. 6; II-II. Cuestión 19. art. 1 y en *Scriptum super libros Sententiarum magistri Petri Lombardi episcopi Parisiensis* liber II, Distinctio 37. Q. 3. a. 2.

[2] El argumento es muy fuerte, pues, incluso cargando al hombre la responsabilidad del mal que se hace, a Dios, por separar de sí al culpable debe imputársele un mal infinitamente mayor en virtud del bien infinito del que se priva al culpable. Y esto también vale para el argumento 4.

Praeterea, finis est magis bonum quam ordo ad finem. Sed ipsa privatio finis est poena, quae dicitur carentia visionis divinae; malum autem culpae est per privationem ordinis ad finem. Ergo maius malum est poena quam culpa.

Praeterea, magis malum est privari possibilitate ad actum quam solo actu, sicut maius malum est caecitas per quam privatur potentia visiva, quam tenebra per quam impeditur ipsa visio. Sed culpa opponitur ipsi merito; privatio autem gratiae, per quam est possibilitas ad merendum, est poena. Ergo poena est magis malum quam culpa.

Sed dicendum, quod culpa est magis malum quam poena; quia etiam huius poenae culpa est causa. *Sed contra*, licet in causis per se, causa sit potior effectu, tamen hoc non est necessarium in causis per accidens; contingit enim causam per accidens esse minus bonum quam effectum, sicut effossio sepulcri est causa per accidens inventionis thesauri; et similiter contingit causam per accidens esse minus malum quam effectum, sicut impingere ad lapidem est minus malum quam incidere in manus hostis persequentis, quod per accidens ex hoc sequitur. Sed poena est effectus culpae per accidens: non enim qui peccat intendit incidere in poenam. Non ergo sufficit ad hoc quod culpa sit magis malum quam poena, hoc quod culpa est causa poenae.

4 Además, el fin es más bueno que el orden al fin. Pero la privación misma del fin es el castigo, que se dice carencia de la visión divina; lo malo de la culpa es, empero, por privación del orden al fin. Luego, más malo es el castigo que la culpa.

5 Además, más malo es ser privado de la posibilidad al acto que del solo acto, así como mayor mal es la ceguera, por la que se priva de la potencia visual, que las tinieblas, por las que se impide la visión misma. Pero la culpa se opone al mérito mismo; sin embargo, la privación de la gracia por la cual existe posibilidad para merecer es el castigo. Luego, el castigo es más malo que la culpa.

6 *Pero hay que decir* que la culpa es un mal mayor que el castigo, porque la culpa incluso es causa de este castigo. *Pero contrariamente*, aunque en las causas *per se* la causa sea mejor que el efecto; sin embargo, esto no es necesario en las causas por accidente; de hecho, ocurre que la causa por accidente es un bien menor que el efecto, así como la excavación de un sepulcro es causa por accidente del hallazgo de un tesoro, y similarmente ocurre que la causa por accidente es un mal menor que el efecto, así como caer sobre una piedra es un mal menor que caer en manos del enemigo que persigue, lo que por accidente se sigue de aquello. Pero el castigo es efecto de la culpa por accidente, pues quien peca no intenta caer en

un castigo. Luego, no es suficiente para esto que la culpa sea un mal mayor que el castigo, por cuanto la culpa es causa del castigo.

Praeterea, si culpa habet rationem mali quia est causa poenae; ergo malitia culpae est propter malitiam poenae. Sed propter quod unumquodque et illud magis. Ergo poena erit magis malum quam culpa.

Praeterea, quod dicitur de aliquo formaliter, verius convenit ei quam quod dicitur de aliquo causaliter; sicut verius dicitur sanum animal quam medicina. Si ergo malitia culpae attenditur secundum hoc quod est causa poenae, sequitur quod magis malum sit poena quam culpa; quia malum dicitur de culpa causaliter, de poena vero formaliter.

Sed dicendum, quod malum dicitur etiam de culpa formaliter. —*Sed contra*, formaliter dicitur aliquid malum, in quantum inest sibi privatio boni. Sed maius bonum est quod tollitur per ipsam privationem quae est poena, scilicet ipse finis, quam quod privatur per malum quod inest culpae, quod est ordo ad finem. Ergo adhuc magis malum erit poena quam culpa.

7 Además, si la culpa tiene razón de lo malo porque es causa del castigo, entonces la maldad de la culpa es a causa de la maldad del castigo. Pero el "por lo cual de cada cosa", eso, también es mayor[3]. Luego, el castigo será más malo que la culpa.

8 Además, lo que se dice de algo formalmente, conviene a ello más verdaderamente que lo que se dice de algo causalmente; así como se dice más verdaderamente sano acerca de un animal que de la medicina. Luego, si la maldad de la culpa se considera en cuanto es causa del castigo, se sigue que el castigo es más malo que la culpa porque lo malo se dice de la culpa causalmente, pero del castigo, formalmente.

9 *Pero hay que decir* que lo malo se dice también formalmente de la culpa. *Pero contrariamente*, formalmente se dice que algo es malo en cuanto es inherente a él la privación de lo bueno. Pero es más bueno aquello que se suprime por la privación misma, que es castigo, a saber el fin mismo, que aquello que se priva por lo malo inherente a la culpa, que es orden para un fin.

---

[3] *Propter quod unumquodque et illud magis,* que entendemos como que el fin o la causa eficiente (el "por lo cual de cada cosa") es más importante que el efecto o que aquello que se mueve hacia el fin. Cf. Aristóteles (1988). *Tratados de Lógica (Órganon) II. Analíticos Segundos,* I, 6, 72a, 29.

Praeterea, sicut dicit Dionysius IV cap. *De divin. Nomin.*, nullus respiciens ad malum operatur; et idem dicit quod malum est praeter voluntatem. Ergo quod magis est praeter voluntatem, magis est malum. Sed poena est magis praeter voluntatem quam culpa; quia de ratione poenae est ut sit contra voluntatem ut dictum est [art. praec.]. Ergo magis malum est poena, quam culpa.

Praeterea, sicut de ratione boni est quod sit appetibile, ita de ratione mali est quod sit fugibile. Ergo quod est magis fugibile est magis malum. Culpa autem fugitur propter poenam; et sic poena magis fugitur, quia propter quod unumquodque et illud magis. Ergo poena est magis malum quam culpa.

Praeterea, sequens privatio plus nocet quam prima, sicut sequens vulnus plus nocet quam primum. Sed poena sequitur ad culpam. Ergo plus nocet quam culpa; ergo est magis malum: quia malum dicitur in quantum nocet, secundum Augustinum in *Enchir.* [cap. XII].

Luego, aún así, será un mayor mal el castigo que la culpa.

10 Además, como dice Pseudo Dionisio en *Los Nombres de Dios*, cap. IV[4], nadie obra considerando lo malo; y dice también que lo malo está más alla de la voluntad. Por lo tanto, lo que está mucho más allá de la voluntad es aún más malo. Pero el castigo está mucho más allá de la voluntad que la culpa, porque es de la razón del castigo que sea contra la voluntad, como se ha dicho[5]. Luego, más malo es el castigo que la culpa.

11 Además, así como de la razón de lo bueno es que sea apetecible, así de la razón de lo malo es que sea rehuible[6]. Luego, lo que es más rehuible es más malo. Pero se evita la culpa a causa del castigo; y así se evita más el castigo porque el "por lo cual de cada cosa"[7] es mayor. Luego, el castigo es más malo que la culpa.

12 Además, una privación subsecuente daña más que la primera, del mismo modo que una herida subsecuente daña más que la primera. Pero el castigo sigue a la culpa. Luego, daña más que la culpa; por lo tanto, es más malo porque lo malo se dice en cuanto daña, según San Agustín en *Enquiridión*[8].

---

[4] Pseudo Dionisio Areopagita (2007). *Obras Completas. Óp. cit.* cap. IV, 32, pp. 56-57. Madrid-BAC.

[5] Cf. el artículo precedente.

[6] Cf. nota 23.

[7] Véase nota 163.

[8] Agustín de Hippona (1956). *Obras Completas de San Agustín IV. Obras Apologéticas. Óp. cit.* Cap. XII, pp. 476-479.

Praeterea, poena destruit subiectum; quia mors est poena quaedam: culpa autem non, sed solum commaculat. Ergo plus nocet poena quam culpa: ergo est magis malum.

Praeterea, illud quod praeeligitur a viro iusto, praesumitur esse minus malum. Sed Lot, cum esset iustus, praeelegit culpam poenae, offerens scilicet filias suas libidini Sodomitarum, quod erat culpa, ne pateretur iniuriam in domo sua, dum hospitibus suis violentia inferretur, quod est poena. Ergo poena est magis malum quam culpa.

Praeterea, Deus pro peccato temporali infert poenam aeternam; quia, ut dicit Gregorius, aeternum est quod cruciat, temporale quod delectat. Sed malum aeternum est peius quam malum temporale, sicut et bonum aeternum melius est temporali. Ergo poena est magis malum quam culpa.

Praeterea, secundum Philosophum in II *Topic.*, malum est in pluribus quam bonum. Sed poena est in pluribus quam culpa, quia multi puniuntur sine culpa. Omnis autem culpa habet ad minus poenam

13 Además, el castigo destruye al sujeto: la muerte es un cierto castigo. Pero la culpa no, sino que solo lo mancha. Por lo tanto, daña más el castigo que la culpa; luego, es más malo.

14 Además, aquello que es preferido por un varón justo, se presume que es menos malo. Pero Lot, habiendo sido justo, prefirió la culpa al castigo, esto es, ofreciendo a sus hijas a la lascivia de los Sodomitas, lo que era culpa, para no sufrir la injuria en su casa si se infligía violencia a sus huéspedes, lo que es castigo. Luego, el castigo es más malo que la culpa.

15 Además, Dios inflige un castigo eterno por un pecado temporal porque, como dice San Gregorio, eterno es lo que atormenta; temporal, lo que deleita[9]. Pero lo malo eterno es peor que lo malo temporal, así como también lo bueno eterno es mejor que lo bueno temporal. Luego, el castigo es más malo que la culpa.

16 Además, según el Filósofo en el libro II de *Tópicos*[10], lo malo es en más cosas que lo bueno. Pero el castigo es en más cosas que la culpa porque muchos son castigados sin culpa. Y toda la culpa tiene al

---

[9] San Gregorio Magno (1862). *Sancti Gregorii Papæ I, cognomento Magno. Opera Omnia. Tomus Primus.* Patrologia Latina LXXV. Col. 1045D-1046A.

[10] Aristóteles (1982). *Tratados de Lógica (Organon) I.* Tópicos, Libro II, pp. 122-144. Más bien en Aristóteles (1998). *Ética Nicomáquea. Ética Eudemia. Óp. cit. II,* 1106b, 30-35. También podemos ver en II 1107a 30-1108b 10 que por cada virtud (lo bueno, el término medio) corresponden dos defectos (lo malo, los extremos).

annexam. Ergo poena est magis malum quam culpa.

Praeterea, sicut in bonis finis est melior his quae sunt ad finem, ita in malis est peior. Sed poena est finis culpae. Ergo poena est magis malum quam culpa.

Praeterea, a qualibet culpa potest homo liberari: unde reprehenditur Cain qui dixit, *Gen.* IV, 13: *Maior est iniquitas mea quam ut veniam merear.* Sed aliqua poena est a qua non potest homo liberari, scilicet poena inferni. Ergo poena est magis malum quam culpa.

Praeterea, quando aliquid secundum analogiam dicitur de pluribus, de illo videtur prius dici quod magis est famosum tale. Sed magis est famosum quod poena sit malum quam culpa, quia plures reputant poenam pro malo quam culpam. Ergo malum per prius dicitur de poena quam de culpa.

Praeterea, fomes est ex quo omnia peccata oriuntur, et sic est prius

17 Además, así como en las cosas buenas el fin es mejor que aquellas cosas que existen para ese fin, de la misma manera, en las cosas malas es peor. Pero el castigo es el fin de la culpa. Luego, el castigo es más malo que la culpa.

18 Además, un hombre puede liberarse de cualquier culpa: de ahí que se censure a Caín que dijo en *Gn. IV, 13:* "Mayor es mi iniquidad para merecer perdón"[11]. Pero hay un castigo del cual el hombre no puede liberarse, a saber: el castigo del infierno. Luego, el castigo es más malo que la culpa.

19 Además, cuando una cosa por analogía se dice de muchas, parece decirse, preferentemente, que aquella es más notoria en tanto tal. Pero más notorio que la culpa es que el castigo sea un mal, porque muchos consideran al castigo más que a la culpa como algo malo. Luego, lo malo se dice más preferentemente del castigo que de la culpa.

20 Además, propensión[12] es aquello de lo cual nacen todos los pecados, y

menos un castigo anexo. Luego, el castigo es más malo que la culpa.

---

[11] Gn 4:13, *Dixitque Cain ad Dominum: Major est iniquitas mea, quam ut veniam merear.* "Dijo Caín a Dios: Mi pecado es demasiado grande como para merecer el perdón". *Biblia Sacra Iuxta Vulgatam Clementinam. Genesis* 4:13.

[12] *Pronitas ad malum dicitur fomes:* la propensión al mal se llama inclinación. *Fomes* es la materia propensa a arder: viruta, astilla, hojarasca: *Ac primum silici scintillam excudit Achates/ succepitque ignem foliis atque arida circum/ nutrimenta dedit rapuitque in fomite flamma.* Virgilio, *Eneida* I, 135. Pero *fomes et incitabulum ingenii virtutisque.* Aulo Gelio. XV, 2, 3. Cf. Santo Tomás (2001). *Cuestiones Disputadas de los Pecados.* Art. 12, ad 5, p. 112.

quam aliquod peccatum. Sed fomes est quaedam poena. Ergo poena est magis malum quam culpa.

SED CONTRA. Illud quod odiunt magis boni, est magis malum quam illud quod magis odiunt mali. Sed, sicut Augustinus dicit III de *Civit. Dei* [cap. I], mala poenae magis odiunt mali, mala vero culpae magis odiunt boni. Ergo culpa est magis malum quam poena.

Praeterea, secundum Augustinum in libro *De Natura boni* [cap. IV, XXXVI et XXXVII], malum est privatio ordinis. Sed plus elongatur ab ordine culpa quam poena; quia culpa de se inordinata est, ordinatur autem per poenam. Ergo culpa est magis malum.

Praeterea, malum culpae opponitur bono honesto, malum vero poenae bono delectabili. Sed bonum honestum est melius quam bonum

así es antes que cualquier pecado. Pero la propensión es un cierto castigo. Luego, el castigo es mayor mal que la culpa.

1   *PERO, POR EL CONTRARIO*, aquello que odian más los buenos es más malo que aquello que más odian los malos. Pero, así como dice San Agustín en el libro III de *La Ciudad de Dios* [13], los malos odian más las cosas malas del castigo; los buenos, en cambio, odian más las cosas malas de la culpa. Luego, la culpa es mayor mal que el castigo.

2   Además, según San Agustín en *La Naturaleza del Bien*[14], lo malo es privación del orden. Pero más se aparta del orden la culpa que el castigo, porque la culpa es, de suyo, desordenada, empero se ordena por el castigo. Luego, la culpa es mayor mal que el castigo.

3   Además, lo malo de la culpa se opone a lo bueno honesto[15]; lo malo del castigo, en cambio, a lo bueno deleitable. Pero lo bueno

---

[13] *Haec enim sola mali deputant mala, quae non faciunt malos, nec erubescunt inter bona quae laudant, ipsi mali esse qui laudant; magisque stomachantur, si villam malam habeant, quam si vitam: quasi hoc sit hominis máximum bonum, habere bona omnia, praeter se ipsum. Sed neque talia mala, quae isti sola formidant, dii eorum, quando ab eis libere colebantur, ne illis acciderent, obstiterunt.* "Los malos solamente conceptúan entre los males a estos, que no los hacen malos ni se avergüenzan de ser malos, entre los bienes que alaban sus mismos alabadores, incomodándoles más tener mala villa que mala vida, como si el sumo bien del hombre fuese tener buenas todas sus cosas, excepto a sí mismo. Pero ni estos males, únicos que ellos temían, impidieron los dioses que sobreviniesen cuando libremente les tributaban culto". Agustin de Hippona (1958). *Obras Completas de San Agustín XVI. La Ciudad de Dios*. Libro I, Cap. III. p. 200. Madrid-BAC.

[14] Agustin de Hippona (1962). *Obras Completas de San Agustín III. Obras Filosóficas. De la Naturaleza del Bien: Contra los Maniqueos*. Caps. IV, XXXVI y XXXVII. Madrid BAC.

[15] "Se dice honesto lo que es digno de honor". Santo Tomás (1994). *Suma de Teología, II-II (b)*, Cuestión 145, art. 1 ad 3.

delectabile. Ergo malum culpae est peius quam malum poenae.

RESPONDEO. Dicendum quod ista quaestio superficie tenus facilis videtur propter hoc quod multi poenas non comprehendunt nisi corporales, vel quae afflictionem sensui ingerunt, quae absque dubio minus habent de ratione mali quam culpa, quae opponitur gratiae et gloriae. Sed quia etiam privatio gratiae et gloriae, poenae quaedam sunt, videntur ad minus ex aequo causam mali habere, si consideretur bonum cui utrumque malum opponitur; quia etiam privatio ipsius finis ultimi, quod est optimum, poenae rationem habet. Sed evidentibus rationibus ostendi potest quod culpa simpliciter habeat plus de ratione mali.

Primo quidem, quia omne quod facit subiectum tale, magis est tale quam quod subiectum tale facere non potest; sicut si album inest alicui ita quod subiectum per hoc album dici non potest, minus habet de ratione albi, quam si per hoc fiat subiectum album; quod enim inest alicui, ita quod non afficiat et denominet suum subiectum, videtur inesse secundum quid; simpliciter

honesto es mejor que lo bueno deleitable. Luego, lo malo de la culpa es peor que lo malo del castigo.

RESPONDO. Hay que decir que esta cuestión en la superficie parece fácil, por el hecho de que muchos no comprenden los castigos a no ser los corporales, o bien los que traen aflicción a los sentidos; los que sin duda tienen menos razón de lo malo que la culpa, que se opone a la gracia y a la gloria. Pero, puesto que también la privación de la gracia y de la gloria son ciertos castigos, parecen tener igualmente, al menos, causa de lo malo, si se considera lo bueno a lo que uno y otro mal se oponen; puesto que también la privación del fin último mismo que es el mayor bien, tiene razón de castigo. Pero ante estas razones evidentes se puede mostrar que la culpa tiene absolutamente más razón de lo malo.

Primero porque, en verdad, todo lo que hace tal a un sujeto, es más tal que lo que no puede hacer tal a un sujeto[16]. Así, si lo blanco es inherente a algo de un modo tal que el sujeto no puede por ello decirse blanco, tiene menos razón de blanco que si por ello el sujeto se hace blanco. En efecto, lo que es inherente a algo de un modo tal que no afecta y denomina a su sujeto, parece existir

---

[16] Lo que hace tal a un sujeto: por ejemplo, el maestro que hace matemático a su discípulo es más matemático, él mismo, que el que no logra hacer a otro matemático. Así, la culpa nos hace malos, no así el castigo. Por lo que Santo Tomás infiere que la culpa es más mala que el castigo.

autem quod suum subiectum afficit et denominat. Manifestum autem est quod ex malo culpae dicitur malus ille cui inest, non autem ex malo poenae in quantum huiusmodi; unde Dionysius dicit IV cap. *De divin. Nomin.*, quod puniri non est malum; sed fieri poena dignum. Unde consequens est quod malum culpae plus habeat de ratione mali quam malum poenae. Causa autem quare ex malo culpae aliquid dicitur malum, et non ex malo poenae, hinc accipienda est. Bonum enim et malum dicitur simpliciter quidem secundum actum; secundum quid vero secundum potentiam; posse enim esse bonum vel malum non simpliciter, sed secundum quid bonum vel malum est. Actus autem est duplex: scilicet primus, qui est habitus vel forma; et secundus, qui est operatio sicut scientia et considerare. Actu autem primo inhaerente adhuc adest potentia ad actum secundum, sicut sciens nondum actu considerat, sed considerare potest. Simpliciter ergo bonum vel malum dicimus secundum actum secundum, qui est operatio; secundum vero actum primum attenditur bonum vel malum, quodammodo secundum quid.

relativamente; y absolutamente, lo que afecta y denomina a su sujeto. Es manifiesto, sin embargo, que por el mal de la culpa que se dice malo a aquel en el que es el mal, y no por el mal del castigo en cuanto tal; de donde Pseudo Dionisio dice en el cap. IV de *Los Nombres de Dios*[17] que ser castigado no es malo, sino que hacerse digno del castigo. De donde es consecuente que lo malo de la culpa tenga más razón de lo malo que lo malo del castigo. Ahora bien, la causa por la que se dice que algo es malo desde lo malo de la culpa, y no desde lo malo del castigo, debe entenderse de esto: sin duda, bueno y malo se dicen absolutamente según el acto; y relativamente según la potencia; pues, poder ser bueno o malo no es absoluta, sino relativamente bueno o malo. Un acto, sin embargo, es de dos modos: a saber, el primero, que es hábito o forma; y el segundo, que es operación, así como el saber y el considerar. Ahora bien, siendo el acto primero inherente todavía posee la potencia hacia el acto segundo, así como aquel que sabe todavía no considera en acto, pero puede considerar. Luego, decimos bueno o malo absolutamente según el acto segundo, que es la operación; según el acto primero, en cambio, bueno o malo se aplica relativamente de un cierto modo.

---

[17] Pseudo Dionisio Areopagita (2007). *Obras Completas. Los Nombres de Dios.* cap. IV, 22. p. 51. Madrid-BAC.

Manifestum est autem quod in habentibus voluntatem, per actum voluntatis quaelibet potentia et habitus in bonum actum reducitur; quia voluntas habet pro obiecto universale bonum, sub quo continentur omnia particularia bona, propter quae operantur potentiae et habitus quaecumque. Semper autem potentia quae tendit ad finem principalem, movet per suum imperium potentiam quae tendit ad finem secundarium; sicut gubernatoria ars imperat navifactivae, et militaris equestri. Non enim ex hoc ipso quod aliquis habet habitum grammaticae, bene loquitur: potest enim habens habitum non uti habitu, aut contra habitum agere, sicut cum grammaticus scienter soloecismum facit; sed tunc recte operatur secundum artem, quando vult. Et ideo homo qui habet bonam voluntatem dicitur simpliciter bonus homo, quasi per actum bonae voluntatis omnibus quae habet bene utatur. Ex hoc vero quod habet habitum grammaticae, non dicitur bonus homo, sed bonus grammaticus; et similiter est de malo. Quia ergo malum culpae est malum in actu voluntatis, malum autem poenae est privatio eius quo voluntas potest uti quocumque modo ad bonam operationem, inde est quod malum culpae facit hominem simpliciter malum, non autem malum poenae.

Pero es manifiesto que en aquellos que tienen voluntad, por un acto de voluntad cualquier potencia y hábito se reducen a un acto bueno; porque la voluntad tiene por objeto lo bueno universal, bajo lo cual se contienen todas las cosas buenas particulares a causa de las cuales operan todas las potencias y todos los hábitos. Y siempre la potencia que tiende a un fin principal mueve por su mando a la potencia que tiende a un fin secundario; así como el arte de dirigir naves manda al de fabricar naves y el militar al ecuestre. Ahora bien, no por el hecho mismo de que alguien tenga el hábito de la gramática, va a hablar bien, ya que, teniendo el hábito, puede no usar el hábito o actuar contra el hábito, así como cuando un gramático a conciencia hace un solecismo; y entonces, obra rectamente según su oficio cuando quiere. Y así, un hombre que tiene buena voluntad, absolutamente se dice hombre bueno, como si por un acto de buena voluntad bien usara todas las cosas que tiene. En cambio, por el hecho de que tenga el hábito de la gramática, no se dice hombre bueno sino gramático bueno; y similarmente, respecto de lo malo. Luego, puesto que lo malo de la culpa es lo malo en el acto de la voluntad, y lo malo del castigo es la privación de aquello que la voluntad puede usar de cualquier modo para una buena operación, de allí resulta que lo malo de la culpa hace a un hombre absolutamente malo, pero no lo malo del castigo.

Secunda ratio est, quia cum Deus sit ipsa essentia bonitatis, quanto aliquid magis est alienum a Deo, tanto habet magis rationem mali. Magis autem alienum est a Deo culpa quam poena; nam Deus est actor poenae, non autem actor culpae. Ex hoc ergo apparet quod culpa est magis malum quam poena. Causa autem quare Deus est actor poenae, non autem culpae, hinc sumitur. Malum enim culpae, quod est in actu voluntatis, opponitur directe actui caritatis, quae est prima perfectio et principalis voluntatis. Caritas autem ordinat actum voluntatis in Deum; non autem solum sic quod homo bono divino fruatur, hoc enim pertinet ad amorem qui dicitur concupiscentiae; sed secundum quod bonum divinum est in ipso Deo, quod ad amorem amicitiae pertinet. Hoc autem non potest esse a Deo, quod bonum divinum secundum quod in se ipso est, quis non velit; cum e contrario Deus omnem voluntatem inclinet ad volendum quod ipse vult; vult autem summum bonum, secundum quod in se ipso est. Unde malum culpae non potest esse a Deo.

La segunda razón es que, siendo Dios la esencia misma de la bondad, cuanto más ajeno a Dios es algo, tanto más tiene razón de lo malo. Pero más ajena a Dios es la culpa que el castigo, pues Dios es agente del castigo, pero no agente de la culpa[18]. Luego, de esto aparece que la culpa es mayor mal que el castigo. Sin embargo, la causa de por qué Dios es agente del castigo, pero no de la culpa, se toma de esto: en efecto, lo malo de la culpa, que es en el acto de la voluntad, se opone directamente al acto de la caridad[19], que es la perfección primera y principal de la voluntad. Y la caridad ordena el acto de la voluntad hacia Dios, pero no solamente de modo que el hombre goce del bien divino, pues esto pertenece al amor que se dice de concupiscencia, sino según que el bien divino es en Dios mismo, lo que pertenece al amor de la amistad[20]. Esto, sin embargo, no puede provenir de Dios: que el bien divino según que es en sí mismo, alguien no lo quiera, puesto que, por el contrario, Dios inclina toda voluntad a querer lo que Él mismo quiere; y quiere el sumo bien, según que es en sí mismo. De donde lo malo de la culpa no puede provenir de Dios.

---

[18]　Actor, o mejor auctor, véase la edición Marietti, p. 462, nota 2.

[19]　Cf. Santo Tomás (1989). *Suma de Teología I-II,* Cuestión 62, art. 4; y (1990) *Suma de Teología II-II.* Cuestión. 13, art. 2.

[20]　"No cualquier amor tiene razón de amistad sino el amor que es con benevolencia: es decir, cuando amamos de tal manera a alguien que queremos su bien. Pero si en las cosas amadas no queremos el bien sino lo bueno de ellas para nosotros, así como decimos amar el vino o al caballo o algo parecido, entonces, este no es amor de amistad sino de concupiscencia. Pero tampoco basta la benevolencia para la amistad, pues se requiere un amor mutuo". Santo Tomás (1990) *Suma de Teología II-II.* Cuestión 23, art. 1, pp. 212-213.

Potest autem Deus velle quod ipsum bonum divinum, vel quodcumque aliud bonum sub eo, subtrahatur alicui, qui ad hoc opportunitatem non habet; hoc enim bonum ordinis exigit ut nihil habeat id quo dignum non est. Ipsa autem subtractio boni increati, vel cuiuscumque alterius boni, ab eo qui indignus est rationem poenae habet. Deus ergo est actor poenae, sed actor culpae esse non potest.

Sin embargo, Dios puede querer que el bien divino mismo, o cualquier otro bien bajo este, se substraiga a alguíen que no tiene aptitud[21] para ello; en efecto, lo bueno del orden exige que no tenga nada de aquello de lo que no es digno. Sin embargo, la sustracción misma de lo bueno increado o de cualquier otro bien, tiene razón de castigo de aquel que es indigno. Luego, Dios es agente del castigo, pero agente de la culpa no puede ser.

Tertia ratio est, quia illud malum quod sapiens artifex inducit ad vitandum aliud malum, minus habet de ratione mali quam illud malum ad quod vitandum inducitur; sicut si medicus sapiens praecidat manum ne pereat corpus, manifestum est quod minus malum est praecisio manus quam destructio corporis. Manifestum est autem quod Dei sapientia poenam inducit ad hoc quod vitetur culpa vel ab eo qui punitur, vel saltem ab aliis, secundum illud Iob, XIX, 29: *Fugite a facie iniquitatis, quoniam ultor iniquitatis est gladius*. Si ergo patet quod maius malum est culpa, ad cuius evitationem inducitur poena, quam ipsa poena.

La tercera razón es que aquello malo que un sabio artífice introduce para evitar lo malo[22], tiene menos razón de lo malo que lo malo que se quiere evitar. Como cuando un médico sabio corta una mano para que no muera el cuerpo, es manifiesto que es menos malo el corte de la mano que la destrucción del cuerpo. Pero es manifiesto que la sabiduría de Dios introduce el castigo a fin de evitar la culpa o aquello por lo que se castiga o, al menos, otras cosas, según aquello en *Jb XIX, 29*: "Huid de la faz de la iniquidad, ya que el vengador de la iniquidad es la espada"[23]. Luego, así es evidente que hay mayor mal en la culpa —y para evitarla se introduce el castigo— que en el castigo mismo.

---

[21] *Opportunitatem (Oportunitatem* en la edición Leonina). En la edición Marietti recomiendan reemplazar por *aptitudinem* (p. 462, nota 3).

[22] *Aliud* (id. En la edición Leonina). En la edición Marietti recomiendan reemplazar por *illud* (p. 462, nota 4).

[23] Job. 19:29, *Fugite ergo a facie gladii, quoniam ultor iniquitatum gladius est: et scitote esse judicium.* "Huid, pues, de la faz de la espada, pues el vengador de las iniquidades es la espada: y sabed que es el juicio". *Biblia Sacra iuxta Vulgatam Clementinam*, p. 517. Londres, 2005.

Quarta ratio est, quia malum culpae consistit in operari, malum autem poenae in hoc quod est pati, sicut supra dictum est [art. praec.]. Quod autem habet operationem malam, ostenditur iam esse malum; quod autem patitur aliquid mali, non per hoc ostenditur malum esse, sed esse quasi in via ad malum; quia quod patitur aliquid, movetur ad illud; sicut ex ipsa claudicatione ostenditur quod tibia iam subiaceat malo, ex hoc vero quod infertur ei passio, nondum subiacet defectui sed est in via ad deficiendum. Sicut enim operatio, quae est existentis in actu, est melior quam motus ad actum et perfectionem, ita et malum operationis in se consideratum plus habet de ratione mali quam malum passionis. Et ideo culpa habet plus de ratione mali quam poena.

AD PRIMUM ergo dicendum, quod si comparetur praemium ad meritum et poena ad culpam quantum ad terminationem, sic invenitur similis comparatio utrobique; quia sicut meritum terminatur ad praemium, ita culpa terminatur ad poenam. Sed si comparentur quantum ad intentionem, non est similis comparatio utrobique, sed magis e converso. Nam sicut aliquis operatur meritum propter praemium acquirendum, ita aliquis infert poenam propter culpam vitandam; unde sic praemium est

La *cuarta* razón es que lo malo de la culpa consiste en obrar, y lo malo del castigo en el padecer, así como se ha dicho arriba. Por lo que quien hace una mala acción muestra ya ser malo; pero quien padece algo malo, no por ello muestra ser malo, sino que muestra ser como en vías a lo malo, porque aquel que padece algo se mueve hacia ello. Así, como de la misma cojera se muestra que la tibia está sometida a lo malo; en cambio, por el hecho de que el padecimiento la lleva a eso, aún no está sometida al defecto sino que está en vías de serlo. Pues, así como la operación, que es propia de lo existente en acto, es mejor que el movimiento al acto y a la perfección; así, también lo malo de la operación, en sí considerado, tiene más razón de lo malo que lo malo del sufrimiento. Y por ello, la culpa tiene más razón de lo malo que el castigo.

Luego, A LO PRIMERO, hay que decir que si se compara la recompensa con el mérito y el castigo con la culpa, en cuanto a su cumplimiento, se encuentra una comparación similar en ambas partes, pues así como el mérito se completa en la recompensa, así mismo la culpa se completa en el castigo. Pero si se comparan en cuanto a la intención, no es similar la comparación para ambas partes, sino más bien inversa. Pues así como alguien hace méritos para obtener una recompensa, así alguien introduce un castigo

melius merito, ita culpa est peior quam poena.

para evitar una culpa; de donde el premio es así mejor que el mérito, así también la culpa es peor que el castigo.

AD SECUNDUM dicendum, quod bonum agentis est non solum perfectio prima, cuius privatio est poena; sed etiam perfectio secunda, quae operatio est cui opponitur culpa, et melior est ipsa perfectio secunda quam prima. Et ideo culpa quae opponitur perfectioni secundae, habet plus de ratione mali quam poena, quae opponitur perfectioni primae.

A LO SEGUNDO hay que decir que lo bueno del agente no es solamente la perfección primera, cuya privación es el castigo, sino que también la perfección segunda, que es la operación a la que se opone la culpa; y es mejor la perfección segunda, en sí, que la primera. Y por eso la culpa, que se opone a la perfección segunda, tiene más razón de lo malo que el castigo, que se opone a la perfección primera.

AD TERTIUM dicendum, quod culpa separat a Deo separatione quae opponitur unioni caritatis, secundum quam quis vult bonum ipsius Dei, secundum quod in se est; poena autem separat a Deo separatione quae opponitur fruitioni, qua homo fruitur bono divino; et sic separatio culpae est peior quam separatio poenae.

A LO TERCERO hay que decir que la culpa aparta de Dios por una separación que se opone a la unión por la caridad, que es el que alguien quiere lo bueno de Dios mismo, según que es en sí. Pero el castigo aparta de Dios por una separación que se opone al goce por el cual el hombre disfruta del bien divino. Así, la separación por la culpa es peor que la separación por el castigo.

AD QUARTUM dicendum, quod separatio ordinis ad finem potest accipi dupliciter, *uno modo* in ipso homine, et sic ordinis privatio ad finem est poena, sicut et privatio finis; *alio modo* in actione, et sic privatio ordinis ad finem est culpa: ex hoc enim homo culpabilis est quod agit actionem non ordinatam ad finem debitum. Unde non est

A LO CUARTO hay que decir que la separación del orden hacia un fin puede comprenderse de dos maneras: *de un modo,* en el hombre mismo; y así la privación del orden a un fin es el castigo, así como la privación del fin [mismo]. *De otro modo,* en la acción; y así la privación del orden hacia un fin es la culpa; en efecto, un hombre es culpable

comparatio mali culpae ad malum poenae, sicut finis et ordinis ad finem, quia utrumque aliquo modo privat et finem, et ordinem ad finem.

AD QUINTUM dicendum, quod privatio ipsius habitualis gratiae est poena; sed depravatio actus qui deberet ex gratia procedere, est malum culpae. Et sic patet quod malum culpae opponitur perfectiori bono, quia operatio est perfectio ipsius habitus.

AD SEXTUM dicendum, quod culpa, quamvis sit per accidens causa poenae ex parte patientis poenam, tamen ex parte inferentis est causa per se; hoc enim intendit puniens, ut propter culpam poenam inferat.

AD SEPTIMUM dicendum, quod non ideo culpa est malum, quia pro culpa infertur poena; sed potius e converso: ideo infertur malum poenae ad coercendam et ordinandam malitiam culpae. Et sic patet quod malum non dicitur de culpa solum causaliter, sed etiam formaliter, et principalius quam de poena, ut ex dictis patet.

Et per hoc patet solutio AD OCTAVUM et NONUM.

de esto: de ejecutar una acción no ordenada hacia el fin debido. De donde la comparación no es de lo malo de la culpa a lo malo del castigo, así como fin y orden hacia un fin, porque uno y otro privan de algún modo tanto del fin como del orden hacia el fin.

A LO QUINTO hay que decir que la privación de la gracia habitual misma es un castigo; pero la corrupción del acto que debiera proceder de la gracia es lo malo de la culpa. Y así es evidente que lo malo de la culpa se opone a lo bueno más perfecto, porque la operación es perfección del hábito mismo.

A LO SEXTO hay que decir que la culpa, aunque sea causa del castigo por accidente de parte del que padece el castigo es causa por sí, sin embargo, por parte del que lo induce es causa por sí, pues el que castiga intenta esto: que se infiera el castigo a causa de la culpa.

A LO SÉPTIMO hay que decir que no por esto la culpa es un mal: porque por la culpa se infiere el castigo, sino más bien a la inversa, que se establece lo malo del castigo para reprimir y ordenar la maldad de la culpa. Y así es evidente que lo malo no se dice de la culpa solo causalmente, sino también formalmente, y más principalmente que del castigo, como es evidente por lo dicho.

Y por esto es evidente la solución A LO OCTAVO y NOVENO.

AD DECIMUM dicendum, quod non est iudicandum de rebus secundum existimationem malorum, sed secundum existimationem bonorum; sicut non est iudicandum de saporibus secundum existimationem aegri, sed secundum existimationem sani. Et ideo non est iudicanda poena peior, quia mali magis eam fugiunt; sed potius iudicanda est culpa deterior quia boni magis fugiunt ipsam.

A LO DÉCIMO hay que decir que no hay que juzgar las cosas según una estimación de las cosas malas, sino según una estimación de las cosas buenas; así como no hay que juzgar los sabores según una estimación del enfermo, sino según la estimación del sano. Y por ello, no hay que juzgar que el castigo es peor, porque los malos le huyen más; sino que, más bien, hay que juzgar que la culpa es peor porque los buenos huyen más de ella.

AD UNDECIMUM dicendum, quod virtuosi est fugere culpam propter se ipsam et non propter poenam; sed malorum est fugere culpam propter poenam, secundum illud Horatii:

A LO UNDÉCIMO hay que decir que propio del virtuoso es huir de la culpa por ella misma y no por el castigo; pero es propio de los malos huir de la culpa por el castigo, según aquello de Horacio:

Oderunt peccare mali formidine poenae;

Los malos odian pecar por miedo al castigo;

oderunt peccare boni virtutis amore.

los buenos odian pecar por amor a la virtud[24].

Sed, quod plus est, Deus poenam non infert nisi propter culpam, ut dictum est.

Pero, lo que es más, Dios no infiere un castigo a no ser por la culpa, como se ha dicho.

AD DUODECIMUM dicendum, quod sequens privatio est peior quam praecedens, quando includit ipsam. Et sic videtur posse dici, quod poena cum culpa est peior quam culpa tantum. Et hoc quidem verum est ex parte eius qui punitur; sed ex parte punientis, poena

A LO DUODÉCIMO hay que decir que la privación que sigue es peor que la precedente cuando incluye a esta misma. Y así, parece poder decirse que el castigo con culpa es peor que la culpa solamente. Y esto sin duda es verdadero por parte de aquel que es castigado: pero

---

[24] Q. Horacio. *Epistularum liber primus.* Ep. XVI, 52. Sin embargo, en las ediciones consultadas de Horacio, no existe el primer verso, solo el segundo.

habet rationem iustitiae et ordinis; et sic per adiunctionem boni efficitur culpa minus mala, ut Boëtius probat in libro I *De Consolat.* [IV, prosa 4].

por parte del que castiga, el castigo tiene razón de justicia y de orden; y así por adición de lo bueno, resulta que la culpa es menos mala, como lo prueba Boecio en el libro IV de *la Consolación de la Filosofía*[25].

AD DECIMUMTERTIUM dicendum, quod culpa et poena pertinent ad naturam rationalem, quae secundum id quod rationalis est, incorruptibilis est; unde poena proprium subiectum non tollit, etsi auferatur vita corporis per poenam. Unde concedo quod corpori, simpliciter loquendo, peior sit poena quam culpa.

A LO DECIMOTERCERO hay que decir que la culpa y el castigo pertenecen a la naturaleza racional, la cual por el hecho de que es racional, es incorruptible; de donde el castigo no destruye al sujeto propio, aunque se quite la vida del cuerpo por el castigo. Por lo que concedo que para el cuerpo, absolutamente hablando, sea peor el castigo que la culpa.

AD DECIMUMQUARTUM dicendum quod Lot non praeelegit culpam poenae, sed ostendit ordinem esse servandum in fuga culparum: quia tolerabilius est, si quis committit minorem culpam quam maiorem.

A LO DECIMOCUARTO hay que decir que Lot no prefirió la culpa al castigo, sino que mostró que el orden debe ser salvado en la evasión de las culpas, porque es más tolerable si alguien comete una culpa menor que una mayor.

AD DECIMUMQUINTUM dicendum, quod licet culpa sit temporalis quantum ad actum, est tamen aeterna (nisi per poenitentiam deleatur) quantum ad reatum et maculam; et aeternitas culpae est causa aeternitatis poenae.

A LO DECIMOQUINTO hay que decir que, aunque la culpa sea temporal en cuanto al acto; sin embargo, es eterna en cuanto al delito y a la mancha (a no ser que se borre por penitencia). Y la eternidad de la culpa es causa de la eternidad del castigo.

AD DECIMUMSEXTUM dicendum, quod esse in pluribus accidit alicui

A LO DECIMOSEXTO hay que decir que ocurre que existe algo malo en

25   Boecio (s/f). *Consolación de la Filosofía.* Trad. de Pablo Masa. Madrid-Ediciones Perdidas. Libro IV, Prosa 4, 3-5.

malo, scilicet quod est in moribus hominum, ex eo quod plures sequuntur naturam sensibilem quam rationem. Et ideo non oportet quod quanto aliquid magis est in pluribus tanto sit magis malum: quia secundum hoc peccata venialia, quae plures committunt, essent peiora quam mortalia.

AD DECIMUMSEPTIMUM dicendum, quod poena est finis culpae quantum ad terminationem, sed non quantum ad intentionem, ut supra dictum est.

AD DECIMUMOCTAVUM dicendum, quod ideo a poena inferni non potest aliquis redire ad vitam, quia culpa eorum qui sunt in inferno expiari non potest. Unde per hoc non ostenditur quod poena sit magis malum quam culpa.

AD DECIMUMNONUM dicendum, quod aliquod nomen dicitur per prius de uno quam de alio dupliciter: *uno modo* quantum ad nominis impositionem; *alio modo* quantum ad rei naturam: sicut nomina dicta de Deo et creaturis quantum ad nominum impositionem per prius dicuntur de creaturis; quantum vero ad rei naturam per prius dicuntur de Deo, a quo in creaturas omnis perfectio derivatur. Et similiter nihil prohibet quin ma-

la mayoría; esto es, que existe en las costumbres de los hombres, por el hecho de que la mayoría sigue a la naturaleza sensible más que a la razón. Y por eso no es preciso que cuanto más exista algo en más cosas tanto más malo sea, porque, según esto, los pecados veniales que la mayoría comete serían peores que los mortales.

A LO DECIMOSÉPTIMO hay que decir que el castigo es el fin de la culpa en cuanto al cumplimiento[26], pero no en cuanto a la intención, como se ha dicho antes.

A LO DECIMOCTAVO hay que decir que por el castigo del infierno alguien no puede volver a la vida, porque la culpa de aquellos que están en el infierno no puede expiarse. De ahí que por esto no se muestre que el castigo sea más malo que la culpa.

A LO DECIMONOVENO hay que decir que de dos modos algún nombre se dice antes de uno que no de otro, de *un modo* en cuanto a la imposición del nombre; del *otro modo* en cuanto a la naturaleza de la cosa. Así, los nombres de Dios y de las criaturas, en cuanto a la imposición de los nombres, se dicen antes de las criaturas; en cambio, en cuanto a la naturaleza de la cosa, se dicen antes de Dios, de quien se deriva toda perfección en las criaturas. Y

---

[26] Cumplimiento del castigo, o de un castigo, en tanto orden de la justicia.

lum per prius dicatur secundum nominis impositionem de poena, per posterius vero secundum rei veritatem.

AD VICESIMUM dicendum, quod fomes est principium culparum in potentia; sed malum in actu est peius quam malum in potentia, ut Philosophus dicit in IX *Metaph.* [comment. 19], unde fomes non est magis malum quam culpa.

similarmente nada prohíbe que lo malo se diga antes, según la imposición del nombre del castigo, y posteriormente, según la verdad de la cosa.

A LO VIGÉSIMO hay que decir que la propensión[27] es el principio de las culpas en potencia; pero lo malo en acto es peor que lo malo en potencia, como dice el Filósofo en el en el libro IX de la *Metafísica*[28]. De donde la propensión no es más mala que la culpa.

---

[27]   Véase nota 171.
[28]   Aristóteles (1982) *Metafísica*. Libro IX, 1051a, 10-20.

EDITORIAL UNIVERSITARIA

Comité Editorial Isabel Torres D. (Presidenta del Directorio)
Soledad Berríos del S., Patricio Felmer A., Ximena Poo F.,
Rafael Sagredo B., Bernardo Subercaseaux S.; *Gerente General*
Gustavo Rivera U.; *Producción Editorial* Víctor Letelier E.,
Norma Díaz S., Yenny Isla R.; *Corrección de textos* Luis Riveros
M.; *Ventas* Hernán Barahona T., Silvia Ibáñez G.; *Promoción*
Patricio Araya T.; *Administración y Finanzas* Lilian Isamit R.,
Mónica Donoso V., Mónica León V., Jocelyn Retamal
V., Pamela Villalón G.; *Soporte técnico* Omar Bastidas
F.; *Librería* Sebastián Diez C.; Antonio Contreras S.;
Ricardo Farías S., Margarita Morales V., Teresa Vargas M.
Comunicaciones Erich Mellado G.

www.ingramcontent.com/pod-product-compliance
Lightning Source LLC
Chambersburg PA
CBHW051453130726
47987CB00005B/2290